图书在版编目（CIP）数据

培养傲雪梅花的品质/和兴文化编著．—西安：太白文艺出版社，2013.6

（思想品德健康教育书系/刘东主编）

ISBN 978－7－5513－0485－6

Ⅰ.①培… Ⅱ.①和… Ⅲ.①品德教育—中国—青年读物②品德教育—中国—少年读物 Ⅳ.①D432.62

中国版本图书馆 CIP 数据核字（2013）第 109062 号

思想品德健康教育书系

培养傲雪梅花的品质

主　　编　刘　东

编　　著　和兴文化

责任编辑　王大伟　李　丹

封面设计　梁　宇

版式设计　刘兴福

出版发行　陕西出版传媒集团

太白文艺出版社

（西安北大街 147 号　710003）

E－mail：tbyx802@163.com

tbwyzbb@163.com

经　　销　陕西新华发行集团有限责任公司

印　　刷　三河市恒升印装有限公司

开　　本　700 毫米×960 毫米　1/16

字　　数　140 千字

印　　张　12

版　　次　2013 年 6 月第 1 版第 1 次印刷

书　　号　ISBN 978－7－5513－0485－6

定　　价　25.80 元

前 言

品德和才学，到底哪个更重要？这个历来聚讼不已的话题，能否对其有一个正确的认识和回答，不仅是选拔任用人才的着眼点，同时也是我们培养教育青少年的方针大纲。孰为重？孰为轻？如何在我们的教育中贯彻我们认为的重点，同时又能坚持“两点论”和“重点论”的完美谐和的统一，培养出国家和社会需要的优秀的青少年，这是最考验教育工作者的智慧和能力的地方。

宋代著名历史学家、政治家司马光曾经在他的巨著《资治通鉴》中讨论过这个问题。对于二者的关系，他认为：“才者，德之资也；德者，才之帅也。”也就是说，才学是品德的资本，而品德则是才学的统帅。也就是说，有了品德这个居于领导地位的统帅，才学的资本才能正常而且完全地发挥它的价值，给个人、社会和国家带来正面积极的影响。司马光又接着说：“君子挟才以为善，小人挟才以为恶。挟才以为善者，善无不至矣；挟才以为恶者，恶亦无不至矣。”也就是说，才学是一把双刃剑，既可以行善，也未尝不可以作恶。至于到底是行善还是作恶，则完全要看掌握才学的人是品德高尚的君子，还是品德卑下的小人。君子的才学可以用来造福社会和国家，使善行遍布四海；小人的才学也会给社会和国家带来灾难，使邪恶播撒人间。由此可见品德的极端重要性。而品德与才学孰重孰轻的问题，也就不言自明了。

我国古代历来重视品德的教养，教育的思路也从来就是把品德放在比才学更重要的地位，《论语》中就有一句话说：“贤贤易色，事父母能竭其

第二章 相信自己能成功

第三章 成功者永不放弃

第一章　品质是立身之本

品质是人生的桂冠和荣耀

人格就是力量，在一种更高的意义上说，这句话比知识就是力量更为正确。没有灵魂的精神，没有行为的才智，没有善良的聪明，虽说也会产生影响，但是它们都只会产生坏的影响。

正直人品表现为襟怀坦荡，秉公持正，坚持原则，刚正不阿。正直的反面则是伪善狡诈。正直的人，对人对事公道正派，言行一致，表里一致。虚伪狡诈的人伪善圆滑，曲意逢迎，背信弃义，拿原则做交易。正直和真诚是互相紧密联系的，只有真诚才能正直，反之亦然。观察一个人，可以把这两个方面联系起来，看他是真诚直爽，还是虚伪圆滑；是光明正大，还是阴险诡诈。这是区别人品的重要标准。

品格，是人生的桂冠和荣耀。它是一个人最高贵的财产，它构成了人的地位和身份本身，它是一个人在信誉方面的全部财产。它比财富更具威力，它使所有的荣誉都毫无偏见地得到保障。它时时可以对周围的人产生影响，因为它是一个人被证实了的信誉、正直和言行一致的结果，而一个人的品格比其他任何东西都更显著地影响别人对他的信任和尊敬。

正直和诚实，这些品质并不是与每个人的生命息息相关，但它却成为一个人品格的最重要方面。正如一位古人所说的："即使缺衣少食，品格也先天地忠实于自己的德行。"具有这种品质的人，一旦和坚定的目标融为一体，那么他的力量就可惊天动地，势不可挡。

如果我们对自己的前途有更清醒的认识，如果我们对自己有更大的信心，那么，我们将取得更丰硕的成果。

彼得是个在美国路易州长大的年轻黑人，在未去加州前，他曾居住过14个不同的寄养家庭。当时的教会还在露天电影院聚会，心理医生彼德·克利就是在那里见到他。他有强烈的自卑感，彼德·克利则辅导他去面对这些消极的思想。

一天，彼得突然对克利说道："你要知道我是个黑人，我们是比人次一等的，我们是奴隶的后代。"

克利答道："你错了！其实你有胜人一筹的遗传呢。"

"这话是什么意思？"他问。

克利回答说："你和每一个在美国的黑人都可以追溯你们的祖籍到非洲。你应该以你的根为荣，因为你是幸存者的后代。那些弱者还未离开森林已没命了，其他人或许死在船上，尸体被抛进海里。那些活命的大致可分为三类：一是智商比人高，可以生存；二是身体比人优胜，有过人的韧力；三是意志上比别人坚定，他们不会放弃以至死亡。每一个在美国的黑人，他们的早几代都是最坚强、最优秀的。而你的血液里就流着这些优良的特质。"

几年后的彼得成了医生，他取得了医学硕士学位。他成功了，他首先抛弃了自我贬低的阴暗心理，他发挥了自己的潜质。

或许在我们的人生里有无数的困难、障碍，是必然存在而不容忽视的阻力，千万不可自我贬低，只要你拥有真正的自信，你就能够勇敢地、愉快地面对难局了。与无限的潜能建立密切的关系，便能使你拥有更深刻的、不动摇的、永恒的自信，而得以突破人生的转折点。

有毅力会获胜

意识倾向于向贫穷发展的人，自然会把贫穷吸引过来，就如同那些在意识中准备致富的人，自然会把金钱吸引过去，而且，这两者都是经由相同的法则达成的。贫穷的意识将会自动夺取那些未为金钱意识所占领的意识。贫穷的意识可以在不知不觉当中自然形成。金钱意识却必须加以创造培养，除非某个人天生就有这种意识。

了解前面这段声明的充分意义，你将会了解毅力在积聚财富方面的重要性。如果没有坚韧的毅力，甚至在你开始之前，你就已经被打败了。如果有了毅力，你一定会获胜。

如果你曾经有过做噩梦的经验，你就会了解坚韧毅力的价值。你躺在床上，半睡半醒，感觉自己似乎就要窒息而死，你无法翻身或移动，你知道你一定得开始恢复对肌肉的控制。经由意志力的坚韧努力，你最后终于能够设法移动某一只手的手指了。然后，你继续移动你的手指，逐渐把你的控制力扩大到某只手臂的肌肉上，使你能够把手拾起来。接着，你再用相同的方法获得对另一只手臂的控制。最后，你终于控制了一条腿的肌肉，然后又扩大到另一条腿。接着——以最大的意志力——你恢复了对你的肌肉系统的完全控制，并从你的噩梦中“惊醒”。这种过程是一步接一步而来的。

你可能也会发现，有必要经由另一种类似的程序从你的心理噩梦中“惊醒”过来，首先是缓缓移动，然后逐渐增加你的速度，到最后完全控制了你的意志。不管你一开始是多么缓慢，你都要坚韧到底，继续行动。凭着坚韧的毅力，你将会获得成功。

如果你很谨慎地挑选你的“智囊团”人选的话，其中至少会有一个人能够协助你培养出你的坚韧毅力。有很多富翁，是因为迫于自身现实的需要，因而获得成功。他们之所以发展出坚韧的习惯，是因为他们受到环境的逼迫，使得他们不得不变得坚定不移。

那些已经培养出坚韧习惯的人，等于已经获得了不会失败的保证。不管他们曾经失败多少次，最后总会攀上成功的最高峰。有时候，似乎总有一个看不见的向导存在，他的任务就是以所有各种不同的沮丧经验来考验人们。对那些在失败后自行站起来，并且不断向前努力的人，全世界的人在旁欢呼说：“太好了！我知道你一定能够成功！”这个无形的向导绝对不让通不过毅力考验的人享受重大的成就。而那些不愿接受考验的人，便没有成功的机会。

能够接受这项考验的人，将因为他们的坚韧力而受到优厚的奖励。不管他们追求的是什么目标，他们都将获得这些目标，这也是他们应得的报酬。不仅如此，他们还得到了绝对比物质报酬更为重要的报酬——“每一

如果你想做的事是正确的，而且，你也相信确是如此，那么，你大可放心去做，去实现你的梦想。如果万一你遭遇暂时的挫折，不要理会他们。怎么说，因为“他们”也许并不知道，每一项失败都包含了同样分量的成功种子。

爱迪生梦想发明一种可由电力操纵的灯，于是他开始努力，把他的梦想付诸行动，尽管他遭遇了一万次的失败，他仍然不放弃这个梦想，最后终使梦想变成事实。实际的梦想绝不会落空。

惠兰梦想成立雪茄连锁店，他把自己的梦想付诸行动，结果，“联合雪茄店”现在占据了美国的最佳市场。

莱特兄弟梦想发明能在空中飞翔的机器，现在，每个人都可以看到全球各地都有飞机在飞翔，这是他们梦想成真的最佳证据。

马可尼梦想发明一种能够利用空气无形力量来传送讯息的机器。他并非胡思乱想，今天，从世界各地的每一架电视机里都像大自然法则，可以不必利用电线与其他的直接通讯设备，而把消息发出去，经由空气传送。他的“朋友们”认为他可能疯了，而把他送进一家精神病院关起来，加以观察治疗。这真是很有趣的事。今天的梦想者比较幸运，可以获得较佳的待遇。

这个世界目前充满了很多机会，是以前的梦想者所无法想象的。

学会原谅自己的过失

不用说，你必须经常承认你自己的人性弱点，这一点对你极为重要。

大多数的人，只要定下心来想一想，都会体谅下层民众的困境。

大多数的人，如果在一个快乐的日子稍稍驻足一下，都会同情他们邻居的苦况。

有许多人，只知道别人的弱点和错误。

然而，这些同情、体谅别人的人，在面对他们自己的人性弱点时，往往不近人情。

这里，除了“不近人情”四个字外，没有别的字眼可形容。

在15世纪，当西班牙进行宗教裁判时，脱克马达的残忍无情，为他争得了遗臭万年的恶名。

但你对自己，是不是更有人情味？

当你在一次业务交谈中显得结结巴巴的时候——一种紧张或混乱的反映——你能不能原谅你自己呢？

当你在烤面包时，把要煮3分钟的鸡蛋煮了13分钟，你能不能原谅你自己？

当你把一张5元的钞票放错了地方弄丢了，你能不能原谅你自己？

当你忘记了一次约会，你能不能原谅你自己？

当你的日子过得不顺，火气上升而大吼大叫时，你能不能原谅你自己？

当你一觉睡过头的时候，你不妨坐起身来，对自己说，我今天要有人情味一点——对我自己。

你必须学习对自己厚道一些，原谅自己的过失，否则的话，你的成功契机将不会发生作用，也不会达到真正使你满意的成功。成功与自我厌恶是水火不容的。它俩是冤家，不是搭档。

待人要宽容和忍让

当你能够原谅自己和他人的错误的时候，不愉快就会很快消失。

官渡之战刚刚结束，一位官员抱着一捆信件急忙忙地来向曹操汇报："这些书信是京城许都和曹营中的一些人暗中写给袁绍的。"曹操接过信，翻了一下，这些信写的大都是吹捧袁绍的，有的干脆表示要离开曹营，投奔袁绍。

曹操的亲信得知这些信的内容，异常生气地说："吃里爬外，这还了得！应该把他们抓起来。"

曹操微微一笑，说："把这些信统统烧了。"

这个命令使在场的人都愣了，"不查了？"有人轻声地问。

"是的，不查了，"曹操说：不查"内奸"，曹操这样做，使那些暗通袁

做到“我就是我”

齐白石说：“学我者生，似我者死。”

要想成功，就必须走出自己的路来。老跟在别人屁股后面学，充其量只会落下“模仿者”之名。

在清代乾隆年间，有两个书法家，一个极认真地模仿古人，讲究每一笔每一画都要酷似某某，如某一横要像苏东坡的，某一捺要像李白的。自然，一旦练到了这一步，他便颇为得意。另一个则正好相反，不仅苦苦地练，还要求每一笔每一画都不同于古人，讲究自然。直到练到了这一步，他才觉得心里踏实。

那么，究竟谁更高明呢？那个故事没说，只是交代了一个情节——

有一天，第一个书法家嘲讽第二个书法家，说：“请问仁兄，您的字有哪一笔是古人的？”后者并不生气，而是笑眯眯地反问了一句：“也请问仁兄一句，您的字，究竟哪一笔是您自己的？”第一个书法家听了，顿时张口结舌说不出话来。

以创造学的观点看，第一个书法家毫无出息，除了没完没了地重复别人，实在是一无所有，可怜之极。第二个书法家则孜孜不倦地钻研，造就自己独特的风格，做到了“我就是我”！

所谓个性就是自己独特的思维和行为方式。保持个性也就是接受我们现在的样子，包括一切过失、缺点、短处、毛病以及我们的资产与力量，做到自我承受。但是，认清这些否定面属于我们，而不是等于我们，“自我接受”就会更加容易。很多人坚持认为自己等于“错误”，因而丢弃了健全的“自我接受”。你或许会犯一个错误，但这并不说你等于一个错误，你或许不能适当而充分地表达自己，但这并不是说明你就是“不好”。

个性是区别大众的，正因为个性的差异，才构成人生万象的异彩纷呈，才谈得上相互学习、相互促进、相互吸引，才能不断有所创造。

其实，成功者都是有个性的，没有个性的成功几乎是没有的。跟着别人跑，跟着别人学，可能会获得一点成功，但不能获得大的成功。

要根据自己的个性去思考自己的未来，去设计成功的路线和方法，这才是高人。

人生活于世间，能以本色面世，不费尽心机，不被那些无谓的人情客套、礼节规矩所拘束，能哭能笑，能苦能乐，泰然自在，怡然自得，真实自然，保持自己的个性特征，岂不是一件乐事？历史上凡是有思想的人都是个性十分鲜明的人，没有个性便没有主见，没有独立的人格，也就不会有深邃的思想，更没有创造力。每个人的个性会有所不同，但保持自己独特的个性，正确地认识、分析自己，扬长避短，就一定会赢得大家的尊重，也会有助于自己的事业。

个性是天生的，个性是不能选择的。它虽然在后天可以得到优化和改造，但其基本的东西即性质是不会改变的。伟大的剧作家莎士比亚曾说过："你是独一无二的。"这是对个性最高的赞美。

以诚信为本

有多少人信任你，你就拥有多少次成功的机会。

1835 年，摩根先生还是一家名叫"伊特纳火灾"的小保险公司的股东。因为这家公司不用马上拿出现金，只需在股东名册上签上名字就可成为股东，这正符合当时摩根先生没有现金却希望获得收益的情况。

当时，有一家在伊特纳火灾保险公司投保的客户发生了火灾。按照规定，如果完全付清赔偿金，保险公司就会破产。股东们一个个惊慌失措，纷纷要求退股。

摩根先生却认为信誉比金钱更重要，他四处筹款并卖掉了自己的住房，低价收购了所有要求退股的股份，然后他将赔偿金如数付给了投保的客户。

一时间，伊特纳火灾保险公司声名鹊起，童叟皆知。

虽然已经身无分文的摩根先生成为保险公司的所有者，但保险公司却面临破产。无奈之中他打出广告，凡是再到伊特纳火灾保险公司的客户，保险金一律加倍收取。

出乎意料的是，客户很快蜂拥而至。原来在很多人的心目中，伊特纳

便拿着玩呢?"

居里夫人说："荣誉就是玩具，只能看看而已，绝不能永远守着它，否则就将一事无成。"

真正追求成功的人把眼前取得的成就看做是对过去的一个总结。

虚荣心表现在学习和工作上，有些人学习、工作取得成绩并不那么突出，却希望得到超出自己实际水平的赞誉。

爱好虚荣的人在与周围各种各样的人的接触中，非常注意人们对自己的态度，喜欢想象他们对自己的评价，并以此作为一种客观标准而内化到自己的心理结构中去，在这个基础上形成自我形象，达到自我认识。也就是说，他们对自己的形象的建立和认识，常常在与他人的接触、想象他人对自己的判断和评价中形成。这种自我认识的方式，在一定程度上有利于深入认识自己，然而由于缺乏主见和过于依附他人的观点，因而有时容易无所适从，反而模糊自己对自己的准确认识，或自卑自贬或盲目乐观，这样极易产生虚荣心理。

虽然，荣誉是我们经过自己的劳动而得到的别人的赞同，它能满足我们对自我价值认可的心理需求，但一切荣誉、财富皆为身外之物，不管工作，交友，生活，我们真正所要的是身心的自由、快乐与健康，这些才是我们生命的精髓所在。

完美主义是成功的敌人

记住这句名言："失败是成功之母。"所有的人都可从这句话中获益良多。

如果你认为一定要永远成功，那么你将是一位失败者——因为世界上没有任何人是十全十美的。

若有哪位家庭主妇认为，她的屋里一定要随时保持绝对的干净，那么她的一生将十分悲哀。家里并不是消毒过的试管，没有人能使家里成为一间无菌室。

认为自己一定在各学科拿"A"的学生，一定无法获胜。生活并不是十全十美的。即使这名学生对每一学科都很精通，但他迟早会碰上一个很少给学生“A”的老师。

认为自己应该随时把感情隐藏起来的人，只不过是在他自己四周建立起一道围墙而已。他并不高贵，也不完美：他只是把自己的成功本能关闭起来。

认为自己的五官应该绝对完美的妇人，是在贬低她自己的人类特点，使她自己成为一名傀儡。

若有哪位夜间守卫员因为自己当不了医生，而天天责备自己，那么他就是一位叛徒——违背了自己积极的个性。

现在我们回头来看看前面所引的那句名言。许多人无法成功，主要是因为他们甚至连试都不愿试。他们害怕失败，他们即使是第一次尝试某件事情也一定要求十全十美。如果他们的完美主义真的十分强烈，那么他们一辈子不敢尝试新的事物——因为他们第一次可能无法成功。

完美主义是成功的敌人。

如果你不把自己当做是一个成功者，你将无法成就任何事情。人孰能无错？犯错是人类的天性，如果你真的十全十美，那么你将一个朋友也没有，因为将没有人能够轻松自在地与你相处。

婴儿在学习走路之初都要一再跌倒，然后再爬起来。我们可曾说他们是失败者？当然没有。我们确实认为，对这些小婴儿来说，走路是件很困难的事，所以我们希望他们能从错误中学习，并且获得进步。

假设你现在必须作些同样困难的事——以你目前成熟的程度来说，跟小孩子学走路同样困难的事。假设你是一位家庭主妇，你的丈夫带老板回家吃晚餐——你以前从未碰过这种情况。你紧张万分，你说了一个笑话，却没有人笑，你问了一个问题，反而令你的客人感到难堪，不知如何作答，你犯了错误。你是个失败者吗？

当然不是。你只是一个面对一项困难而被绊倒的人而已。你为什么不应该同情你自己，如同你同情一个初学走路的小孩子？

所以忘掉你的失败，尽量使当天晚上剩余的时间过得愉快一点。老板可能反而会更喜欢你——以及你的丈夫——因为他会觉得你很随和，你并不知道他的问题在哪儿。

例如英国大诗人德莱登所写的：

在失败中坚定意志及勇气是获得成功的最佳利器。

温和，笑意矜持淡泊，但笑意里也饱含着智慧，洋溢着自信乐观的精神。

幽默在生活中无处不在。像个精灵。这个精灵随时出现在我们周围，人们吸收着它的灵气，下笔生花，出口成趣。当人们要为它勾画面目时，却又若鸡若凤，若猫若虎，若蛇若龙。不同时代，不同民族的艺术大师们，笔下所描绘的面目又判若两样，有着不同的表现。

幽默以愉悦的方式表达真诚、大方和心地的善良，是人类面对共同的生活困境而创造出来的一种文明。它像一座桥梁拉近人与人之间的距离，填补人与人之间的鸿沟；它是希望发展人际关系，走向事业辉煌的人们不可缺少的动力。幽默是人类健康的保护神。幽默能使我们的精神健康，富于创造性，它通过一种娱乐形式，减少我们的压抑与忧虑，通过笑释解人与人之间的隔膜与冷漠，消除困扰人类的敌意，消除人类交流活动中的偏见与误解，使人类真正达到共同的和谐与融洽。

在汉语中表达有趣或可笑意义的概念，除幽默外，还有风趣、俏皮、诙谐、滑稽等。它们与幽默的区别在于：滑稽和俏皮偏重于形式上的怪诞，可笑，对于其内容上的有趣性，思考性要求较少，多为开怀大笑，滑稽给人这种感觉更重一些。风趣和诙谐偏重于内容上的有趣、有理，而形式上的怪诞性和可笑性不及滑稽和俏皮，多为会心的微笑。两者之中，风趣为甚。幽默对可笑性和机智性都有相当的要求，既有可笑性，又有怪诞性，比较注重内容与形式的、主体与表现的统一。幽默与油滑也有区别，油滑是不恰当的幽默，是低级趣味的笑。幽默必须把握分寸，老舍说：“幽默一放开手便会成为瞎胡闹和开玩笑。”中华民族文化中的幽默虽然是源远流长的，但正如鲁迅所说：“中国人也不是长于‘幽’的人民。”因为幽默的社会文化气氛的形成，无论是对个人还是社会而言，都必须有相当的“心灵自由”和“言论自由”。

幽默的首要条件是必须有谐趣性。所谓谐趣性不是一般的滑稽可笑，而是指由于揭示了内容与形式、现象与本质、愿望与结果等内在矛盾而产生的一种耐人寻味的情趣。这是一种高雅的笑。其次，幽默的作用在于它的教育性，而且这教育作用是在于愉悦的情绪中，会心的微笑中实现的。它有助于陶冶优美的情操，培养健全的人格。

幽默是一种优美、开朗的品质，是思想、学识、经验、智慧和灵感在语言运用中的结晶，是造成语言生动形象的有效的手段之一。

幽默是一种心理品质，是人们在长期的生活中养成的。它使人能够敏锐地发现生活中的趣事，既能看到可笑的一面，又能看到可爱的一面。有这种对生活的领悟，才可能理解幽默，才能有幽默的谈吐。

幽默是将客观中带有喜剧因素的事情出人意料而又机智奇巧地表现出来，使审美主体感到真善美的力量，从而获得精神上的愉悦，呈现出笑的情感反映。幽默不是制造笑料，幽默是一种领悟和灵性，它好像是某种只能意会不能言传的东西。

幸运如何创造

在第二次世界大战战情最紧张的时候，丘吉尔对全英国人民广播：我从来没有说战争是容易的！这场大战必须靠大家的血汗和拼命才能获胜！但是我向你们保证：我们一定会胜利的。是的，我相信如果我们有能够例行成功的方程式，同时拥有在苦难环境中争上游的承受度与永不屈服的毅力，我们就能迈向成功。

当然，各个人出生命运之不同，由不得抱怨，因为责任不在你我。西方谚语说，幸运儿出娘胎嘴里便含着钥匙。平凡的你我生来除了两手空空，小嘴一张也仅有哭啼之声。哭诉也罢，抗议也罢，幸运既然没有“与生俱来”的获取之道，唯有靠自己创造。“富贵人家的孩子”虽以喜剧拉开人生序幕，但我们不必羡慕得过早。富家子弟即使有父母余荫可以依恃，事业也不见得就一帆风顺，遭受挫折并不因有钱有势得以幸免。

努力把自己的事做得更好，就是一种创造。厨师若把菜做得更美味可口，裁缝若把衣服做得更美观耐穿，建筑师盖出更舒适的房屋，司机若开车更安全，作家努力写出更好的文章，都会为自己带来幸运，同时也为他人带来幸福。

一个人若不敢向命运挑战，不敢在生活中做出开创之举，命运给予他的不过是一个狭窄的牢笼；他举目所见将只是蛛网和尘埃，充耳所闻，只是唧唧虫鸣。

世上有无数苦难，通过挑战的勇气，创造幸运的人生。幸运如何创造？

每个人都有创造的潜力

有这样一件极戏剧性的事，说的是韩战期间一名美国海军水兵的事。这位思路条理分明的青年使得他身边的人都大感惊奇，毫无疑问的，他在危机中表现出来的能力也使他自己惊奇不已。你的头脑中是不是也具有某些潜伏的、有力量的办法？你花工夫去找出这些办法必定是很值得的，因为正如这名水兵的故事，这会影响你的一生前途。

现在来说说这个故事：

在韩战期间，一艘美国驱逐舰停泊在韩国北部东岸的元山港，那天晚上万里无云，明月高照四周，一片宁静。一名士官例行巡视全舰，突然停步呆立不动，他看到一个大而乌黑的东西在不远的水上浮动着，他惊骇地看出那是一枚触发水雷，可能是从一处雷区脱离而来，正随着退潮慢慢向着舰身中央漂来。

抓起舰内通讯话机，他通知了值班官，而值班官马上快步跑来。他们也很快地通知了舰长，并且发出全舰戒备讯号，全舰立时动员了起来。

官兵都愕然地注视着那枚慢慢漂近的水雷，大家都了解眼前的状况，灾难即将来临。

军官立刻提出各种办法。他们该起锚开走吗？不行，没有足够的时间。发动引擎使舰身漂离开？不行，因为螺旋桨转动只会使水雷更快地漂向舰身。以枪炮引发水雷？也不行，因为那枚水雷太接近舰里面的弹药库。那么该怎么办呢？放下一只小艇，用一只长杆把水雷携走？这也不行，因为那是一枚触发水雷，同时也没有时间去拆下水雷的雷管。悲剧似乎是没有办法避免了。

突然，一名水兵想出了比所有军官所能想到的更好的办法。“把消防水管拿来。”他大喊着。大家立刻明白这个办法有道理。他们喷水在舰只和水雷之间的海上，制造一条水流，把水雷带向远方，然后再用舰炮引炸了水雷。

这位小水兵真是了不起。他当然不凡——但是他却只是个凡人。不过他却具有在临危状况下冷静而正确思考的能力。当然我们每一个人的内部也有这种天赋的能力，有些人的这种能力或许比别人还多，但是没有一个人会缺乏创造的潜能；这也就是说，不论有什么样的困难或危机影响到你的状况，只要你认为你行，你就能够处理和解决这些困难或危机。对你的能力抱着肯定的想法就能发挥出积极心智的力量，并且因而产生有效的行动。

我们现在以一位外国青年为例，他要上大学，但是他有自卑感，不敢向美国大学提出申请，他怕自己的英语不好，同学会笑话他，他甚至于怀疑自己是不是能够读下去。他有进取心，但是却因为他把自己的能力看得太低而阻碍了自己。

他想起了吉卜龄的话，“我们可以为失败提出四千万个理由，但是没有一个可以作为借口。”他告诫他自己：“任何人或任何事都不一定会击败我，尤其是我自己更不会击败我，因为我是一位聪慧的青年，只要我认为我行，我一定会读好大学。”

“永远不要认为自己会失败。”他想：“这样是最危险的，因为心智总是会照着你所想的去做。相反的，你要清楚地在你的心智中印上你会成功的景象。你尽管去上大学。你随着同学一同笑话自己，他们会因此而喜爱你。不要因为你的发音不准而自觉差劲。谁知道呢，说不定有一天你会成为英语专家。现在，不要为此而退缩。一旦你改变了你的态度，你会惊讶于同学对你是多么的友善。”他成功地说服了他自己去上大学。他果然受到同学的喜爱，而且学业成绩也很好。

这种引发不幸的自认差劲的感觉，可以说比任何事都能损伤一个人。但是不论你受到这种伤害有多久，你都可以把它解除掉。只要你肯改变，只要你有决心，这种毛病就会逐渐消失掉。只有你尝试过之后，你才会真正知道你能够做什么。只要你有决心，一直保持着积极的想法，并且一直尝试下去，继续前进，你就不会失败。

一旦有一个否定自己的想法来到心中，你就大声说出一个肯定的想法，来把它排除掉。不要在你的想象之中筑起障碍来，不要太看重所谓的障碍，把它们看小一点。当然，我们必须研究困难才能够把困难消除掉，但是我们必须按照它们真实的情形来看它们，不要因为可怕的想法而把它们看得太大。

在你认识了你内在潜能的力量之后，你就会了解到，不是因为你过去曾有自卑的感觉，你就一定会败下阵来。

认知和坚持

我们以包布·裴狄特为例，包布成为他那一代伟大的篮球明星，也是篮球史上得分最高的球员之一。

在14岁刚入中学的时候，包布只有170公分高，54公斤重，就像他说的，他只有“扫帚杆”般的力量。他的个儿并不是很魁梧，但是他内心有要做一名运动员的强烈冲动。本能地，他运用了认知的原则，他感觉到，而不是看出——自己的潜力。

他打橄榄球，但是没能被选入校队。不过，他们让他名列第线守卫。有一天场上没有人可用了，他们叫他上场。结果对方的四分卫越过了他，跑出65码，达阵得分。包布想当橄榄球员的希望就此完结了。

然后他去打棒球。有一天，他们让他上阵替代二垒手。一名对方球员击出一个快速滚地球，向着他而来，从他的两腿之间穿过，结果让对方连得两分。包布的棒球生涯也就到此结束。

最后包布去打篮球。他们需要12名男生组成校队，而有17人申请参加。校队名单公布了，包布的名字不在上面。瘦小、体弱、不够结实，似乎他根本就没有办法和运动挂钩。但是他极想成为一名运动员，天天和高头大马的人在一起。

因此，包布到教堂和传教士谈心。这位传教士立刻看出他的内心。传教士说上帝会使包布成为伟大的人物，包布就成了信徒。传教士更有一个构想——“我们来组织一支教会篮球队，”他说，“我们再要其他几个教会也组成篮球队。”这些球队都是由没能够当上校队的男孩组成。包布现在终于加入了球队。

包布有生以来第一次感觉自己是重要人物。他不断地练习。他把一个铁丝做的挂衣架扭成篮筐一样，钉在车房的墙上。他一个小时接一个小时地用网球来练习投这个篮筐。他的父亲见他这样勤练，印象深刻，就给他买了个篮球和一块篮板。

每天下午放学后，包布就练习投篮，直到吃饭时间才停下来。做完作业，再练到天黑为止。他每次在街上看到打开盖的垃圾桶，就会投个东西进去，平常也经常投东西到篮子里去。他因此成为教会球队得分最多的一员。他决心要在篮球上表现得出人头地，他内心的潜力推动着他。

包布没有足够的体力，因此他每天做体能训练，来加强双腿和手臂的肌肉。据说就因为他有这样的决心和恒心，他在中学二年级那年竟然长高了13公分。等到他三年级的时候，他就名列校队了。教练简直难以相信包布的变化，他认为包布“在去年连当候补球员都不够格”。

包布四年级时，他的校队赢得了全州高中学校的冠军，而包布后来又成为路易士安那州立大学以及尔后的圣路易鹰队的得分之王。他在体能和精神上都是了不起的模范人物，是他那一代伟大的运动员。什么原因呢？因为他实践了两项原则——认知和坚持。领悟自己内在的潜力之后，他就是不放弃。

不是一定要成为伟大的运动员才可以运用认知和坚持的原则。在日常生活中，我们也常常会遇到许多情况，需要我们运用积极的思考和永不放弃的毅力。

快乐的不满足

玛丽·姜生的丈夫詹姆士很不错，就是没有上进心，他的收入刚好维持普通生活，却买不起洗衣机、烘干机以及其他节省体力的现代设备，她烧饭用的炉灶还是旧式的，吸尘器也是老爷货，虽然有电冰箱，也是最早的产品。

每当玛丽暗示她丈夫动动脑筋就可以多赚点钱时，她丈夫就会说马马虎虎也可以凑合着过了。他的工作很稳定，因此才一天一天地混下去。

在詹姆士生日的那天，玛丽·姜生买了一部电动剪草机送给他当做生日礼物。

有时候一个新东西会带来一连串的新东西，詹姆士就是一个例子。

邻居看到他用噗噗作响的剪草机神气地修剪他家的草坪，都说他了不起。

詹姆士又开始注意他的汽车。虽然他的车子可以代步，看起来好像博物馆里的老古董。他认真地计算他的收入，看看能不能存点钱来买一部新车子。

他想到办法了。他的不满足也与日俱增。他知道如果替他太太买些家家户户都有的设备，她的家务事就会轻松得多。

现在只有一个答案——“钞票”。公司里面有许多人的薪水比他高，公司里也有许多需要知识方面的工作，他也知道只要下决心，他也可以学习更多的知识去做更高层次的工作。

他“快乐的不满足”使他发愤求进，他买了好多书，常常到图书馆去用功，并且经常向高级职员请教。

他连连晋升，收入比以前增加两倍。他们卖掉旧房子，买了漂亮的新房子。虽然他们的生活水准大大提高，他们仍旧把每个月的薪水存下一部分，这是他们头一次有能力存钱。

“现在我们两个都不满足。”玛丽·姜生谈到他们的新生活时笑得很开心，她也谈到她们未来的计划，等到这个计划实现以后，现在的成就就微不足道了。

“我们一定会实现的，”玛丽说，“有了快乐的不满足，任何事情我们都可以做。”

工作和娱乐的差别

工作和娱乐的差别是不是在于一种态度？打高尔夫球比在办公室里上班要费力得多，但是打高尔夫球是娱乐，上班却是工作。

一个人躲在工作室里埋头苦干，却乐此不疲，因为这不是工作而是娱乐。

你每天都很忙，回想起来实在很辛苦，可是忙完以后却觉得很痛快。如果一开始就往“有这么多工作要做”的方面去想，很可能你什么也做不成了。

我们多想想事情完成以后的满足——不是更容易下决心把事情做完?尽量想象完成以后的乐趣，不去想它多麻烦，不是更聪明吗?

你是不是真正了解19世纪英国作家兼批评家海斯利特所说的这句话的意义:“我们做得越多，能做的就越多；我们越忙，空闲的时间就越多”。

实行:“实行”是“想法”付诸“动作”的结果。我们可能有一个动机，也知道自己有“可以”完成的能力，甚至于有了去做的决心，但在没有实行之前，仍仿佛一部汽车在等你去发动一样。

本杰明·富兰克林在他的《穷理查的生平》一书中，把拖拖拉拉叫做“偷时间的贼”，你可以大胆地改为“拖拖拉拉是破坏机会的贼”。拖延就是耽搁行动。为什么会拖呢?因为开头总比继续要困难得多，我们拖拖拉拉是因为顾虑太多:“从哪里开始?”、“需要的工具在哪里?”、“能不能一口气做好?”

你应该这样做:决定你的目标和步骤，然后立刻“完全投入”，如此你就能克服推脱的毛病，结果你才发现原来你可以做得又快又好。

行动不应该半途而废。你一旦有了开始，就应该继续下去。

自我欣赏:自己欣赏自己是不是很自大?一点也不。说实在的，全世界对你的评价绝不会超过你对你自己的看法。

你会不会把你心爱的人交给一个自己都认为自己不行的医生?你会不会把一件重要的法律案件交托给一个没有自信的律师?你会不会找一个自己都觉得很差劲的建筑师替你设计房子?这几个问题的答案当然都是“不会”。

自我欣赏是从喜欢自己而来，是指为了自己的思想与行为而喜欢自己。

如果你有一个处处讨人喜欢的小孩，他既聪明、又好学，而且有礼貌，你当然很欣赏，是不是?这就是你应该表示的自我欣赏。但是不要把“欣赏”和“满足”混为一谈，你一旦觉得满足，就没有进步了。欣赏是为了你的想法和作为而喜欢你自己。

真正的热忱

热忱是天生的，还是可以培养出来的呢?

也许我们没有必要讨论这个问题，因为你现在的热忱可能比以前所表现的都要大；何况自从你了解成功不是目的，只是过程，你现在就在其中——你的热忱更会与日俱增。

你现在也已经知道你是环境的主人，而不受环境的控制，你不但有了“我能”的意志，而且了解生活中最大的满足是有所成就。

每一个人都会在某些时候对某些事特别热心。也许你是个棒球迷，突然收到一场重要比赛的招待券，大多数情况下你都会很兴奋，使你更喜欢欣赏这场比赛。

这里所说的热忱是“激起的”一种狂热，这种热忱是由意识培养出来的，并且能继续维持下去。但是有一点要记住，这不是做作，而是出自至诚。

好莱坞有一个著名的电影明星开了一间私人博物馆，里面放着他从世界各地搜集来的古董。

有一次，一群人由主人引导参观，大家的兴趣由于其中一个女士而大大提高，她的热忱似乎无穷无尽，她所看到的每一个东西都使她非常好奇。

这群人都不再注意别人，都喜欢接近这位女士。根本用不着问“为什么”，人人都喜欢跟一个热忱洋溢的人在一起。

在生活中，凡是认识她的人也都很羡慕她，人人都想替她效劳来博得青睐，她经常收到礼物，她的名字总是在重要场合出席名单的前几名。为什么？你想得到吗？真正的热忱！

别人替她做的每一件事情她都很欣赏，因此大家都乐意效劳。她欣赏的并不是礼物或服务的金钱价值，而是礼物或服务的后面别人对她的尊重。

每天为目标生活

虽然没有人崇敬你，甚至，今天连你的妻子都不跟你交谈。虽然如此，你仍可从爱迪生获得一个教训：热烈地追求你的目标，把你的目标视作人生历程中一种重大的要素，把它们视作一种防止逃避人生的重要手段。

现在，是不是有一种怀疑念头渗入你的心头？“那是伟大的爱迪生，我呢？”你是不是正这样想？这样的一种谬误念头会不会使你抓不着要点？

不会。因为，爱迪生也是一个人，也是人类的一分子，就像你一样，假使你曾经见过他的话，他的外表在你看来也许非常平常。

但他是一个设定目标、深信目标、追求目标，以目标为生活的人。目标是他的生命；目标是他的日子。

这是我们可以向他学习的地方：设定目标，每天为目标生活。为目标生活，就是积极的生活。

我们都是与众不同的人——除非恐惧扼杀了我们的个性。因此，我们都有不同的目标。但我们对于目标都有相同的感觉——热力、火力、欲望。

目标没有大小之分，只有思考目标的心量才有大小。

当你对目标具有这样的热忱时，你对人生就会有这种热忱。你就是活人，充满活力的活人。

我们必须使我们的感情复活，我们必须体验人生，而焦虑往往阻绝我们的体验。

假设你正在吃早餐、看报纸。这时你有两个目标，以你全天的活动来说这两个目标虽然很小；但以它们本身而言，却又非常重要：你一面享受早餐，一面吸收当天的新闻。

你现在追求这些目标吗？

“当然，”你会这么说，“这些是非常简单的目标。”

这些果真非常简单吗？你是否充分地体会到橘子水的丰富滋味？土司的松软香脆？咖啡的醉人清香？

或者，你是否过分担心目前的战争消息？担心得忘记了你在吃些什么？

还有你所看的报纸呢？你是否以一种智慧的方式，去体会它的内容？体会到这个世界的实况？以一种历史的延续感去体会新闻报道、政治现状、文学艺术？你看报纸是不是一种生活体会？

让金钱为我所用

“巨大的财富若不分发出去，也就没有真正的用处”。

同许多美国人一样，富勒一直在为一个梦想而奋斗，这就是从零开始，积累大量的财富。到30岁时，富勒已挣到了百万美元，他雄心勃勃地想成为千万富翁。而且他也有这个本事。

但问题也来了：他工作得很辛苦，常感到胸痛，而且他也疏远了妻子和两个孩子。虽然他的财富在不断增加，但他的婚姻和家庭却岌岌可危。

一天在办公室，富勒心脏病突发，而他的妻子在这之前刚刚宣布打算离开他。他开始意识到自己对财富的追求已经耗费了所有他真正珍惜的东西。他打电话给妻子，要求见一面。当他们见面时，他们热泪滚滚，他们决定消除掉破坏他们生活的东西——他的生意和物质财富。

他们卖掉了所有的东西，包括公司、房子、游艇，然后把所得的收入捐给了教堂、学校和慈善机构。他的朋友认为他疯了，但富勒感到从没比这更清醒过。

接下来，富勒和妻子开始投身于一桩伟大的事业——为美国和世界其他地方的无家可归的贫民修建“人类家园”。他们的想法非常单纯：“每个困乏的人在晚上至少应该有一个简单而体面、并且能支付得起费用的地方用来休息。”富勒曾有的目标是拥有1000万美元家产，而现在，他的目标是为1000万人、甚至更多的人建设家园。目前，人类家园已在全世界建造了6万多套房子。富勒曾为财富所困，几乎成为财富的奴隶，差点儿被财富夺走他的妻子和健康；而现在，他是财富的主人，他和妻子为人类的幸福工作，他拥有了自信而乐观的生活，他觉得他是世界上最富有的人。

财富是多种多样的，它不仅限于金钱，还有金钱以外的其他东西。

“不要追求显赫的财富，而应当追求你可以合法地获得财富，清醒地使用财富，自信地离开财富。”

正如托尔斯泰所言：“财富就像粪尿一样，堆积时会发出臭味，散布时可使土地变得肥沃。”

钱只有在使用时才会产生它的价值，如果放着不用，就根本毫无意义。

让金钱为我所用，为人所用，而不要成了可怜的守财奴，这样，人生才能痛快潇洒！

天道酬勤

业精于勤，荒于嬉。

古时候有一位老农，临死的时候，把他的三个儿子召集到床前，对他们说：“我很快就要离开你们了，希望你们能在我去世之后比现在过得更好。我担心将来你们会受苦。因此，在我们家的那块地里，我埋下了一坛金子，这是我一辈子积攒得来的。”老人去世后，他的儿子便在老人所说的土地上挖金子，令他们感到奇怪的是，他们翻遍了每一寸土地，却始终没有找到那坛金子。他们感到很失望。当时恰逢播种的季节，随着失落的心情，儿子们将那块地进行了耕种。

几个月过去了，收获的季节来临了，由于儿子们深翻了土地，因此获得了前所未有的大丰收。更令他们高兴的是：他们恍然明白了老人的用意。

俗语说：千金唾手得，一勤最难求。天道酬勤。

勤奋是一笔价值远远超过金子的财富，金子虽然珍贵，但金子是不会失而复得的。纵然你有黄金万两，但坐吃山空，总会有穷困的一天，唯有勤劳才是永不枯竭的财源。

自身的缺点并不可怕，可怕的是缺少勤奋的精神。

自身之拙，可能会成为我们成功路上的障碍。但成功者就是在克服障碍后才得到桂冠。即使是太行、王屋二山那么大的障碍，也会被我们用勤奋一点点地挖掉，如果我们始终不放弃的话。勤奋面前，再艰巨的任务都可以完成，再坚定的山也都会被“移走”。凡事只有踏实勤劳，才能获得真正的成功。

青年人要勤，就要忌“懒”，忌“惰”。其实懒惰是人的本性，稍不留神就会流露出来，所以青年人要时刻提醒自己：“成事在勤，谋事忌惰”。要知道人生短暂，懒惰就如自杀。

勤奋的人瞧不起懒惰的人，心灵的恬静是勤奋的人始终追求的，而懒惰的人却是始终沉湎于肢体的舒适之中。

怕吃苦怕受累是懒惰者的通病，一无所得，受人嘲笑是懒惰者的下场。

懒惰者缺少的是行动，他们是思想的巨人，行动的矮子。

富人哈杰·厄斯屈说：“一颗博大而真诚的爱心可以让你拥有一切。”

清代中期，当朝宰相张英与一位姓叶的侍郎都是安徽桐城人，两家毗邻而居，因都要起房造屋，为争地皮发生了争执，老夫人便修书北京，要张英出面干预。张英回信劝导老人：“千里家书只为墙，再让三尺又何妨？万里长城今犹在，不见当年秦始皇。”张母见张英明理，立即把院墙主动退后三尺，叶家见此情景，深感惭愧，也马上把墙让后三尺。这样，张叶两家的院墙之间，就形成了六尺宽的巷道。正所谓让一让，六尺巷。

礼让是一种美德。亲人的错怪，朋友的误解，讹传导致的轻信，流言制造的是非……当此时，生气无助雾散云消，恼怒不会春风化雨，而一时的忍让则能帮助恢复你应有的形象，得到公允的评价和赞美。

在必要的时候，退一步比进一步更重要，因为你可以重新找到一条生活的出路。

以退为进，由低到高，这是自我表现的一种艺术。

退一步海阔天空，宽容能驱散怨恨。宽容能带来仁义，博得赞美，宽容能创造轻松和谐的氛围。

美国第25任总统威廉·麦金莱因为一个用人问题，他遭到一些人强烈反对。在一次国会会议上，有位议员竟当面用粗野的话讥骂他。他气得鼓鼓的，但极力忍耐，没有发作。等对方骂完了，他才用温和的口吻道：“你讲完了，怒气应该平息了吧，照理你是没有权利这样责问我的，但现在我仍然愿意详细地给你解释……”他的这种得理让人姿态，使得那位议员羞红了脸，矛盾立即缓和下来。试想，如果麦金莱总统得理不让人，利用自己的职位和得理的优势，咄咄逼人地进行反击的话，对方是绝不会服气的。由此可见，当双方处于尖锐的对抗状态时，得理者的忍让态度有“釜底抽薪”之妙，能使对立情绪“降温”。

在生活中多留一点余地，多忍一点，会给自己增加更加开阔的视野。怕就怕没有退路，这样就会处于绝境。

第二章　相信自己能成功

永不放弃学习的信念

一个人若愈会储蓄就愈会致富，而一个人若愈能求知，就会愈有知识。多储存一份知识，生命就多丰富了一份。这种零星的努力，细小的进益，日积月累，必定可以使你大有收益，可以使你变得更为充实，更为丰满，可以使你能更自如地应对人生。

无论一个人平时有多么忙碌，但还是有许多的光阴是被虚度或浪费掉的，而这些光阴假如可以善加利用，则一定能产生巨大的益处。

“活到老，学到老”，永远不放弃学习的信念，自我营救者一生都不会放弃知识营救的任务。

原哈佛大学校长艾略特曾说：“养成每天读书 10 分钟的习惯。这样每天 10 分钟，20 年以后，你的知识水平一定前后判若两人，只要你所读的都是好的东西。”

著名心理学博士施瓦特也说过：“只要你每天晚上在临睡前给我 15 分钟，我保证你一年之后便会成为我们中的一员。”

自满是终身学习的大敌，自满的人往往放弃对知识的欲望和进取心。

特别是一些成功的人，在取得一些成就之后，被胜利冲昏了头脑，从而不再吸取新的知识，自己的长处也无从发挥了。更可怕的是，自满的人，往往骄傲自大，听不进别人的任何劝告，拒绝向任何人学习，那么他不仅失去了迈向更大成功的机会和可能，甚至还会失去他手中所拥有的一切。

美国的汽车大王福特从小就是个“机器迷”，当人们只是把汽车当做一种“玩物”，对汽车的实用前途持怀疑态度时，他却坚持认为汽车将在人们的日常生活中发挥不可估量的作用，因此他全力以赴地制造出“则”和“箭”两种新型赛车，以绝对优势超过了所有的对手，既获得了发展事业的资金，又扩大了影响。随后，他成立了福特汽车公司，生产“最洁美”、“最耐用”的小汽车，并受到了人们的普遍欢迎，福特因此成了百万富翁，但福特没有因此而满足，而是不断改进自己的汽车，并首创“机械代装配系统”，扩大生产规模。20世纪30年代初，福特的财产已经以亿计算了。

福特依靠自学的知识取得了成功，但不幸的是，他在成功面前成了一个自满的人。

巨大的成功冲昏了福特的头脑，他认为自己是无所不能、无往不胜的，动不动对属下大发脾气，对任何人的意见都听不进去，总认为自己的决策是最正确的。而此时，其他汽车公司奋起直追。不断研制出性能更卓著、价格更低廉的产品，抢去了福特公司的大部分市场。公司面临着巨大的危机。

“三人行，必有我师”，你每天所遇见的每个人都可以使你的知识有所增益。假如你遇见的是一个渔夫，他能帮助你认识神秘的海洋；假如你遇见的是一个猎人，他能告诉你森林中的故事；即使是一个普通的农夫，也会告诉你四季的奥秘……

从每个可能的地方摄取知识，这是使人知识广博的唯一方法。广博的知识可以使人胸襟广阔，思维活跃，不至于流入狭隘、鄙陋。

每一个“自我营救”的人，应该向身边的每一个人学习。

有一位青年，每天独自悲叹，自己家境贫寒不能远出家门，拜访名师，由于没有名师的指点而无所成就。

一天一位老人问他：“我是一个平凡的老人，我所知的你都懂吗？”

这名青年于是向老人请教。老人把自己所知的告诉了他。青年要拜老人为师，老人却说：“我所知的，都告诉了你，你假如将每个人一生所得的知识都学会，不比从名师那儿学到的更多吗？”

于是青年经常向身边的人，甚至过路人请教，果然大有进展，终于有所成就。

高尔基著名的《人生三部曲》分别是《童年》、《在人间》、《我的大学》。高尔基的大学并不是任何一所名校，而是实实在在的生活。高尔基正是在生活的大学中不断学习，从而成为了一位伟大的作家。

一般不曾受过大学教育的人，往往有过于看重大学教育的倾向。一般因家境困难或身体不健康而无缘入大学学习的人，总认为他们遭受了一种不可补救的损失。他们以为即使日后再怎样自修自习，也还是没有用处，无补于事。但就事实而论，世间最有学问、最有知识、最有效率的人物中，有不少是从未受过大学教育的，有的甚至其早年连学校的大门都没有跨进过。

有一位青年，连小学教育都没有完成，然而因为他后来阅览了大量的历史传记书籍，所以竟成了一个史学家。遇见他的人都盛赞他的学问。他博览群书，所以他的英文相当好，虽然对于语法上的死板规律，他一点不懂，但他浸润在许多名家的文字中，熟知其作文构句之道，所以他的写作具有一种很好的风格。

人的一生都是受教育的时期。社会就是我们的大学校。我们所遇见的人，所接触的事物，所得到的经验，都是人生大学中的教师。只要我们开放我们的耳目，那么生活或工作的每一分钟，都可以摄取许多东西。等你哪天有了空余时间，用“深思”的方法把它们请出来，然后精挑细选，将那些精选出来的零碎知识整理出来，便是你的东西了。

活出你自己

你有没有听过一只鹰自以为是鸡的寓言？

寓言说：

一天，一个喜欢冒险的男孩爬到父亲养鸡场附近的一座山上去，发现了一个鹰巢。他从巢里拿了一只鹰蛋，带回养鸡场，把鹰蛋和鸡蛋混在一起，让一只母鸡来孵。孵出来的小鸡群里有了一只小鹰。小鹰和小鸡一起长大，因而不知道自己除了是小鸡外还会是什么。起初它很满足，过着和鸡一样的生活。

但是，当它逐渐长大的时候，它内心里就有一种兴奋不安的感觉。它不时想：“我一定不只是只鸡！”只是它一直没有采取什么行动，直到有一天，一只了不起的老鹰翱翔在养鸡场的上空，小鹰感觉到自己的双翼有一股奇特的新力量，感觉胸腔里的心正猛烈地跳着。它抬头看着老鹰的时候，一种想法出现在心中："我和老鹰一样。养鸡场不是我待的地方。我要飞上青天，栖息在山岩之上。"

它从来没有飞过，但是它的内心里有着力量和天性。它展开了双翅，飞升到一座矮山的顶上。极为兴奋之下，它再飞到更高的山顶上，最后冲上了青天，到了高山的顶峰，它发现了伟大的自己。

记着：没有人能够完全像你一样地活出你自己，但是你必须发现真正的自我，然后你将会知道你能，因为你学会了认为你能。你就会发现潜伏的力量。因此，为了成全我们的寓言，我们可不要做一只鸡，而要做我们内部里本有的鹰！这当然也会是令我们非常兴奋的事情。

当然会有人说："那不过是个很好的寓言而已。我既非鸡，也非鹰。我只是一个人，而且是平凡的人。因此，我从来没有期望过自己能做出什么了不起的事来。"或许这正是问题所在——你从来没有期望过自己能够做出什么了不起的事来。这是实情，而且这是荒谬的事实，那就是我们只把自己限定在我们自我期望的范围以内。

现在就拒绝相信世界上有我们不能做的事情。世上最伟大的事都是由人做出来的，而他们事先并不知道自己能够做到。虽然他们事先不知道，他们仍然前进，并且做到了。

想象力加强自我心象

有些演员改变他们自我心像的技巧十分高明，当你在银幕上看到他们时，甚至很难认出他们的脸孔来，因为这和他们在其余影片中的样子完全不同。女演员姬儿汀·佩琪就是最好的例子，她在电影《青春小鸟》中演一名滥服药物的女演员，又在《夏日烟云》中演一名羞怯的老处女，看来完全不像是同一个人。

想像力的运用并不只限于演员或是其他创造性的艺术家。

你也可以跟他们一样的运用想像力——而且每天都用。

你是否担心呢？你是在运用你的想像力——看清楚你自己以及你可能

的遭遇。

担忧是一种心理状态——在事情发生之前。

有很多人都是消极性地在应用我们的想像力——担忧（担忧有时候也可发挥积极性的作用，它能防止灾祸的发生，甚至拯救我们的生命）。

有一位商人，他的父亲烟瘾很大，5 年前死于喉癌。自从他父亲死后，这个生意人就十分担心癌症。他戒烟了，但仍然无法令他停止忧虑。只要一有伤风的迹象，或者甚至只是声音略为沙哑而已，他就急着去看医生。他随时都想着癌症。每当他在报上或杂志上读到与癌症有关的文章时，他就会更加担心，因此他干脆少看。最后他的幻想控制了他的整个生活，而且由于他认为自己的烦恼太多了，于是从他的终身事业上退休下来，他以为这样做可以协助他放松心情。但他仍然担心不已，不过他的健康倒很好。

有位妇人，她的幻想令她每日感到痛苦无比。她的忧虑并不只是一种，而是有很多种。她害怕心脏病、核子大战、股票市场大崩溃、亲人死亡，她把上帝赐给她的幻想才能全部用在消极方面。

当然，不愉快的事情偶尔也会发生，世间并没有“绝对不会发生”的事，但是像这样经常幻想某些事情的人，到头来他们所担心的事就会真的成为事实，而他们的忧虑对他们只有坏处而无好处。

我们举出一种很普通的情况，看看你如何利用你的想像力——积极性或消极性的——以及每一种不同的想象将会导致的结果。

你在一家公司从事同样的工作已经有两年之久了，你希望获得加薪。你觉得应该拿更多的报酬，因为你的工作表现很好，你家里又添了一个儿子，因此需要更多的钱来养家。

当你一想到老板将会有什么反应时，你就觉得泄气了。你在脑海中幻想你将和老板会谈的情形：你将胆怯地敲敲他的办公室的房门——你一向就很怕老板，再走入他的私人办公室。他正一面接听电话，一面签署文件，你只好坐下来等他接完电话。现在你在椅子上坐立不安，心中惶恐地想，向他请求加薪是不是好主意。你可以再等 6 个月再提出加薪要求。不是吗？而且他忙得很。你担心应该怎样开口。如果你太直接提出加薪的要求，也许他会感到很不高兴。也许你一开始应该谈些无关紧要的事情，像是天气等等。

好了，你想你能够获得加薪吗？你的幻想力已经背叛了你。你把你自己看成是一名失败者，因此你可能将会失败。

现在我们再来利用想像力发挥作用，但这一次要用在对你有利的方面。

再一次的，你不妨在心里幻想你和老板会谈的情景。你敲敲老板的房门。你当然不会把门撞破，但你也不会很胆怯地敲门，因为你是要请求你应该得到的加薪。你将充满信心地向着他的办公桌大步走过去，坐下来，等他打完电话，你将要求他加你的薪水，你十分清楚你值得你所要求加薪的每一毛钱，你也知道老板深深明白这一点。你深信你可以达成你的目标——加薪。

你这一次可以如愿以偿了吗？一定可以，因为你正在利用你的想像力来加强你的自我心象。也就是说，你正在替自己打一场极有希望的战争。

亲君子，远小人

俗话说：害人之心不可有，防人之心不可无。

公元前527年，楚国的国君楚平王给儿子娶亲，选中的姑娘是秦国人，楚平王派大夫费无忌前去秦国迎娶。费无忌到秦国看到姑娘后大吃一惊，这姑娘太漂亮了，真是美若天仙。在回来的路上，费无忌开始琢磨起来，他认为这么美丽的姑娘应该献给正在当权的楚平王。这时，车队已接近国都，国人也早知太子要娶秦国姑娘为妻，但费无忌还是抢先一步到王宫，向楚平王描述了秦国姑娘的美丽，并说："太子和这位姑娘还没见面，大王可先娶了她，以后再给太子找一位更好的姑娘。"楚平王好色，被费无忌说动了心，于是便同意了，并让费无忌去办理，费无忌稍做手脚，三下两下，原本是太子的媳妇，转眼成了楚平王的妃子。完成这事之后，费无忌既兴奋又害怕，兴奋的是楚平王越来越信任他；害怕是因为这事得罪了太子，而太子早晚会掌握大权的。于是，费无忌又对楚平王说："那事之后，太子对我恨之入骨，我倒没什么，关键是他对大王也怨恨起来，望大王戒备。太子握有兵权，外有诸侯支持，内有老师伍奢的谋划，说不定哪一天要兵变呢。"楚平王本来就觉得对不起儿子，儿子一定会有所动，现在听费无忌这么一说，心想"果不出所料"。于是，他便立即下令杀死太子的老师伍奢及其长子伍尚，进而又要捕杀太子，太子与伍奢的次子伍员只好逃离楚国。

在我们的现实生活中，到处都有“小人”的存在。“小人”确实是社会的一大毒瘤，如果与小人的关系没处理好，一个人的一生绝无成功和快乐可言。

诸葛亮在《论文》中说：“势利之交，难以久远。”这句话是很有道理的。“势利眼”者两眼只向权势、利益看，并以权势、利益作为自己的交友准则。他们最善于也最喜欢趋炎附势，不管你是发迹也好，还是你有权势也好，总之，只要在你身上他们感到有利可图，有势可攀，他们就赶紧跑到你身边围着你团团转，讨好你，与你交朋友。一旦罩在你身上的权势光环消失了，他们便不劝自退，马上转向别的有势利的人了。

势利的人最难成为同舟共济的依靠，与他们交朋友，尤其与他们一起共事时，他们会让你感觉很难捉摸，没有任何规律可依。本来我们共同制定好了计划，决定在哪些时间完成哪些工作，而由于他的“漂移性”，使计划十有八九不能实现。“漂移性”过强的人像一股乱刮的风，一会儿刮到你身边，一会儿又刮到别处，与这种人，怎能深交呢？

做一个与人为善的人

不要只想着和“我们的朋友”打交道，你也要学会和你不那么喜欢的人打交道。

有一位陌生人问马路边的一个老人：“住在这个地方的人怎么样？我正准备迁到这儿来住。”

老人看了一眼陌生人，反问道：“你要离开的那个地方的人怎么样？”

陌生人回答：“唉，别提了，都是些不三不四的人，我住在那里没快乐可言，因此才打算到这儿来住。”

老人叹口气，说：“先生，恐怕你要失望了，因为这个地方的人，也和你那儿差不多。”

听完老人的话，这位陌生人只好朝前走，继续去寻找他理想的居住地。

过了一会儿，另一位陌生人来到老人面前，询问同样的问题。老人也同样反问他。

这位陌生人说："哦！住在那里的人对我非常要好，我在那里过得特别快乐，但我正寻找一个更有利于我工作的住所，我虽舍不得离开那个地方，但是我为了工作又不得不离开那里！"

老人面露笑容，说："你很幸运，居住在这里的人都是跟你原来住的地方一样好的人，你将会喜欢他们，他们也会喜欢你的。"

你想寻找敌人，你就会找到敌人；你想寻找朋友，你也就会找到朋友。不善于与人相处的人，到了哪里，都会认为别人难以相处。善于与人相处的人，见到任何人，都会与他人相处融洽。

能够与人融洽相处的人是一个快乐的人，一个大度的人，一个与人为善的人。

我们都愿意和自己喜欢的人交往，而不愿意和自己不喜欢的人来往。但现实生活却不可能满足我们这一愿望，我们的邻居可能正是我们不喜欢的：我们愿意安静，邻居可能成天把音响开得震耳欲聋；我们喜欢清洁，邻居则总是把破破烂烂的东西堆满了过道；我们不愿被人打扰，但邻居却经常喜欢到我们家里来串门聊天。在单位，也有我们不喜欢的同事，我们虽然尽量回避他们，但由于工作关系，我们不得不与他们打交道。我们为此而烦恼。

一位学者在他的一书中写道：我们要容忍、谅解以及去爱别人，而不是等待他们来适应我们。当然，我们不是给他们机会去表现他们的缺点，而是要积极主动地以我们的能力以及个性，使人与人之间能够相互谅解，和睦相处。如果我们这样去做了，恶邻和"损友"也有可能改变为善邻和好友，谁说不存在这种可能性呢？

不要只想着和"我们的同类"打交道，也要学会和"另类"的人打交道，也许他们是你不喜欢的"恶邻"和"损友"。要学会主动地去与这些人相处，打开你的心灵，引导出他们内心的善良。只要你坚持，只要你勇于合作，你就会有所收获，感受到一种新的人生体验和乐趣。

做人要不露锋芒

有一位在工厂从事统计工作的女性，调到某机关的第一天，就与陌生的同事大谈自己的过去，并无意间冒出一句“我在工厂属上上人”，结果，同事大为反感：你是上上人，还调到我们这里干什么？于是群起而攻之，不出三月，她便被排挤出局。

新到一个环境，应该在交往中让同事逐步了解自己，这样会给新同事留下一个沉稳谦逊的第一印象。任何人都希望能得到别人的肯定性评价，都在自觉不自觉地强烈维护着自己的形象和尊严，如果你的谈话向对手过分显示出高人一等的优越感，无形之中，就是对他人自尊和自信的一种挑战与轻视，这样，新同事对你的排斥心理、乃至敌意也就不知不觉地产生了。

日常工作中不难发现这样的同事，其人虽然思路敏捷，口若悬河，但一说话就令人感到狂妄，因此别人很难接受他的任何观点和建议。这种人多数都是因为太爱表现自己，总想让别人知道自己很有能力，处处想显示自己的优越感，想以此获得他人的敬佩和认可，结果却往往适得其反，失掉了在同事中的威信。

这就叫“好与者，必多取”。要知道，小的损失可以换取大的利益。与人交往要懂得取舍、懂得放弃。一味地索取，只能是急功近利显得小气；一味地舍弃，只能是最终一无所获。智者的收获往往都是建立在取舍得当的基础上的。

一个人要做到不露锋芒，凡事不要太咄咄逼人，更要养成谦虚让人的美德。所谓“花要半开，酒要半醉”，凡是鲜花盛开娇艳的时候，不是立即被人采摘而去，就是衰败的开始。人生也是这样，当你志得意满时，切不可趾高气扬，目空一切，这样你不遭别人当靶子打才怪呢！

心灵盘点明得失

牛顿说：我之所以看得比别人更远，是因为我站在巨人的肩膀上。智者以世人为鉴，时刻反思；愚者只以自己为鉴，永远只能停留在原地。

著名的经济学家凯因斯，同时也是华尔街投资公司的高级顾问。凯因斯一生非常成功，年纪轻轻就已经是百万富翁了。当记者问及其成功之道时，凯因斯说：“我有一个习惯，喜欢为自己制订计划。计划包括每一年的计划，也包括每一个月的计划，甚至还落实到每一天。可以这样说，我之所以能够取得成功，这些计划起了非常重要的作用。”

记者问：“计划？怎么利用这些计划呢？”凯因斯说“只有计划是不行的，还要严格地执行计划，这就涉及自我反省。我每天都要做反省，看一看今天有什么收获，有什么地方做得不好。凡是没有做好的地方，必须得想办法弥补起来。同时，再想一想今天的成绩，用它们来鼓励自己继续努力。用同样的方法，每一个月，每一年都要做这样的反省。”凯因斯的方法，既可发现自己的缺点，又可以知道自己的优点，帮助自己合理地安排自己的工作与人生，这对于获得成功很有好处。

人生天地间，沉沉浮浮、起起落落是常有的事情，就要求我们必须随时做自我反省，修正自己的错误，扬长补短，以创造美好人生。

为什么要经常反省？反省的目的在于建立一种监督自我的内在反馈机制，通过这种机制，可以及时知晓自己的不足，及时纠正不当的人生态度。良好的反省机制是自我心灵中的一种“自动清洁系统”或称作自动纠偏系统，它能使你的想像力更敏锐，它能使你真正认识自我。

正视人性弱点，认识反省自我的必要性。毋庸置疑，人的通病都是“长于责人，拙于责己”。反省要求的是“反求诸己”，而不是找他人的不是。反省是一面心境，通过它可以洞观自己的心垢。自我如同眼睛一样可以尽情地看外面的世界，却无法看到自己，反省机制的建立将彻底改变这一局限。

反省是认识自我、发展自我、完善自我和实现自我价值的最佳方法。成功学专家罗宾认为：我们不妨在每天结束工作时好好问自己下面的问题：今天我到底学到些什么？我有什么样的改进？我是否对所做的一切感到满意？如果你每天都能改进自己并且过得很快乐，必然能够获得意想不到的丰富人生。

反省的内容就是时时扪心自问自己的言行，这是郑重的人生之问。每天进行“心灵盘点”，有益于及时知道自己近期的得与失，思考今后改进的策略。

反省的立足点和取向主要是针对自己，省悟自身的不足之处：这不仅是自身素质不断完善的手法，而且是融洽人际关系的法宝。正如，“念自己有几分不是，则内心自然气平；肯说自己一个不是，则人之气亦平”；“自知其短，乃进德之基”；“先问自己付出多少，再问人家给了多少”……这些都是很好的反省方法。若我们能时时这样反省，就能使自己心平气和，善结人缘，力求进取，开创光辉的人生。

反省的方式可以灵活多样，至于反省的方法，有人写日记，有人则静坐冥想，在脑海里把过去的事检视一遍。

只有我们都关注自身的发展，我们就无法回避认识自我。我是谁？我能干什么？我做得怎样？我要到哪里去？……茫茫的人生旅途跋涉，我们都必须亮起一盏心灯，时时叮嘱自己：“一路走好”，只要这样，我们的成功之路才能越走越宽广。

做一个敢于冒险的人

“敢冒最大的风险，才能赚最多的钱。”

“劳埃德”是英国保险公司中名气最大、信誉最高、资金最雄厚、历史最悠久、赚钱最多的一家。每年承担保险金额为2670亿美元，保险费收入达60亿美元。

其公司一直坚守着：“在传统商场上争取最新形式的第一名”的信条。事实也是如此，劳埃德公司总是具有开拓创新精神的，它总能敏捷地认识和接受新鲜事物。

1866年，汽车诞生，劳埃德在1909年率先承接了这一形式的保险。在还没有“汽车”这一名词的情况下，劳埃德将这一保险项目暂时命名为“陆地航行的船”。

1984 年，由美国航天飞机施放的两颗通讯卫星曾因脱离轨道而失控，其物主在劳埃德公司保了 1．8 亿美元的险。劳埃德眼看要赔偿一笔巨款，就出资 550 万美元，委托美国“发现号”航天飞机的宇航员，在 1984 年 11 月中旬回收了那两颗卫星。经过修理之后，这两颗卫星已在 1985 年 8 月被再次送入太空。这样，劳埃德不仅少赔了 7000 万美元，而且向他的投资者说明：卫星保险从长远看还是有利可图的。

做一个敢于冒险的人！向自己挑战！

世界上没有一件可以完全确定或保证的事。成功的人与失败的人，他们的区别并不在于能力或意见的好坏，而是在于是否相信判断，是否具有适当冒险与采取行动的勇气。

没有冒险者就没有成功者。所以，我们敬仰那个第一个吃螃蟹的人、第一个用青霉素的人、第一个乘飞船进入太空的人。

无论在事业或生活的任何方面，我们都可能需要尝试恰当的冒险。在冒险之前，我们必须清楚地认识那是一种什么样的冒险，必须认真权衡得失——时间、金钱、精力以及其他牺牲或让步。如果你从来没有想过冒险，那么你的日子就像一潭死水，你永远无法激起波澜，永远无法取得成功。

冒险不是盲目草率的行为，不是瞎闯、蛮干，不是随心所欲，而是要有目标、有计划，有实施方法和步骤的实践活动。冒险必须建立在对客观事物正确分析、判断的基础上，必须采用科学的方法，否则，就无法实现成就事业的目标。

冒险的基本方法是确立可行的目标，发挥科学的分析判断能力，积蓄冒险的力量，实施冒险的应变策略，付诸冒险的实际行动。

真实不会贬值

真实在任何时候都不会贬值，脱离真实，就如同生活在真空中。

一家著名的国际贸易公司高薪招聘业务人员，应征者络绎不绝。在众多的应聘者中，有一位年轻人最有竞争力。他毕业于名牌大学，又有在市外贸公司工作三年的经验，所以他坐在主考官面前，非常自信。

“你在贸易公司具体做什么？”主考官开始发问。

“做蔬菜销售。”

“哦，做蔬菜。那你说说，对业务人员来说，是产品重要，还是客户重要？”

年轻人想了想，说：“客户重要。”

主考官看了看他，又问：“你是做蔬菜的，应该知道，蔬菜中，菠菜出口主要是对日本。以前销路非常好，有多少收多少，可是最近几年，国外客商却不要了，你说说为什么。”

“因为菜不好。”

“那你说说，为什么不好？”

“嗯，”年轻人停顿了一下，“就是质量不好。”

主考官看了看他，说：“我敢断定，你没有去过产地。”年轻人看着主考官，沉默了30秒钟，没有说是，也没有说不是，却反问：“你说说怎么能看出我去没去过？”

“如果你去过，就应该知道为什么菜不好了。采集菠菜的最佳时间只有十天左右，这期间的菠菜鲜嫩好吃，早了不成，晚了就老了。采好后，要摊开放在地里晾晒一天，第二天翻过来，再晾晒一天，把水分蒸发干，然后再成把捆好，装箱。等食用时放在凉水里浸泡一下就可以了。可是当地农民为了多采多卖，把菠菜采回家后，并不是把它们放在地上晾晒，而是放在热炕上暖，这样只用两个小时就烘干了。这样加工处理的菠菜，从外表上看和晾晒的一模一样，可是食用时，不管放在水里怎么泡，都像老树根一样，又老又硬，根本咬不动。国外客商发现后，对此提出警告，一次，两次，还是如此。结果，人家干脆封杀，再不从我国进口了！”

年轻人听了。不好意思地低下头说：“我确实没有去过产地，所以不知道你说的这些事。”

年轻人带着遗憾走出公司的大楼。这位最有希望入选的年轻人，最终没有被录取。

这位年轻人就像那些一心想加工速成菠菜的农民一样，省略了两天的阳光，但最终被烘干的却是自己！

拉蒂姆主教在谈到一个刀具商卖给他一把不值一便士的小刀却勒索他

二便士时，他说：“这个无赖骗走的不是我的钱，而是他自己的良心。”依靠暴力、欺骗和非分妄为所得来的钱，虽然可以在无思考能力的人面前炫耀一时，但是，这如同被肆无忌惮吹起的闪闪发光的肥皂泡一样，当被吹得鼓胀的时候，总是要归于破灭的。大多数靠欺骗为生的人，最后都会落得个悲惨的结局。虽然对别人的欺骗可能一时不会被“揭穿”，骗得的财物也可能一时会保留下来，但是，这些财物只是一种祸害，而不是一种福祉。

小心谨慎、诚实正直的人发财致富的速度，可能不如那些不择手段、弄虚作假的人来得快。但是，他们的成功却是一种真正的成功，因为他们没有运用诈骗和不正当的手段。即使一个人一时不能获得成功，但他必须诚实，即使失去全部财产也要维护人格的尊严，因为人格本身就是财富的源泉。一个受过良好训练的人，只要是勇往直前地走自己的路，成功一定会到来的，所有属于他的最高的奖赏迟早都会得到。

只有敢想才会成功

杰出的创意是获得成功的可靠保障，有这样一句话：良好的思维胜于健全的体魄。

有一次，一个天生三条腿的美国人参加马戏表演，他扮演一个小丑。从小在别人的嘲笑与讥讽中长大的他，竟意外受到观众的热烈欢迎。从此，他找到了自己的人生坐标，于是刻苦练习演技，利用自己的身体“优势”，终于成为名噪一时的丑角明星。他的辉煌与他的第一次成功密切相关。

成功对自信的提高有着催化作用，而许许多多成功人士是最善于从过去的成功中提取经验的人。如果你想迈向成功，那么就要学会“思想”。

要从成功中汲取经验，就要在成功时不骄傲、不自大、始终保持清醒；要从成功中汲取经验就不应抱残守缺，应居安思危，始终把自己置于起跑线上；要从成功中汲取经验，就应不断创新，寻找新的突破口；要从成功中汲取经验，就应该挑战极限，追求卓越，百尺竿头更进一步，从成功走向更大的成功。

成功是“想”出来的。只有敢“想”，会“想”，善于思考，思考成功，思考未来的人，才会是成功者的候选人。青年人应该善于思考，争取做到把别人难以办成的事办成，把自己本来办不成的办成。

人不但要养成思考的好习惯，同时还要扩展思考的范围，建立你的“思维空间站”——开阔思路，扩展思维，这样才会更好地、更大限度地获取有益的信息。青年人不仅要善于思考，还要扩展思维，突破局限，敢于思考更多与成功有关的事情。

人的大脑是多元化的，多元化的大脑很适合多元化的思考。然而，我们过去所受的教育，鄙使我们习惯于“直线式的思考”。直线，或许可以说是A→B→C→D→E的依次排序的逻辑。其实这并不是一种好的思维方法，相比而言，发散性思维在处理各种问题时要迅速和有效得多。

我们只在把直线式的思考方式，改换成人类一向最擅长的“视觉思考”、“空间思考”即可。

在当今社会，一个不能独立思考的人是无法取得成功的。虽然这样做会花费你很多的时间和精力，但你会发现，你在这方面的努力将会得到成倍的回报。

偶尔来点糊涂

“宁与人共醉，不要我独醒”。

某人滴酒不沾，但是每次当初识的人送他酒，他都会露出兴奋的笑容，举起瓶子，仔细地念上面的酒名。那些初识的人后来成为他的好朋友，都责怪他以前“很假”，明明不喝酒，却装作兴奋的样子。某人回答：“我们常说‘礼轻情意重’，也可以讲‘礼错情意重’，重要的是你的情，不是礼。如果我说自己滴酒不沾，岂非泼你冷水？我们可能成为今天的好朋友吗？”

政治家如是说。倘若人人都醉，我将与之同醉。倘若独自清醒，便将被视为癫狂。重要的是顺水推舟。

在某些情形下，什么都知道不如全然不知或装作全然不知，因为我们必须和他人共同生存，而大多数人是“愚昧无知”的。

在为人处事中，“装糊涂”是一个高明的处事之道。一个人不可处处锋芒太露，这样很容易引起别人的嫉恨，与你树敌的人会越来越多，使你的事业无法顺利进行下去。人都愿意与单纯的人交往，过于聪明、机灵的人会被人们加以防范，害怕被欺骗、被愚弄，如果你装出一副什么都不懂、傻乎乎的样子，虽然精明却大智若愚，给人以糊涂的假相，人们对你就放松了警惕。在与对手交往中，对手由于不知其中的真相往往被愚弄，由此，你便轻松地战胜了对手。

用睁开的眼睛透视世界的美丽，用闭着的眼睛消除世间的无奈，能够做到这一点的人，可谓是活出了极致。

我们自以为聪明的时候，也是糊涂的极致。对于生活，我们需要的是“大智若愚”，小事不妨来点“糊涂”，但我们要有自己做事的原则、立场。

容忍和以德报怨是成熟的标志

富兰克林说：“我们一生中有太多地方可以去注意，随便你怎么去看，但为何偏偏就是有那么多人只看消极的那一面呢。”

我有一位朋友准备结婚，临到结婚前却放弃了。

“事情怎么会这样呢?”我为之惋惜。

朋友无奈地说：“她总是一一历数前男友的种种缺点——胡说八道、好吃懒做、无所事事、脾气恶劣等等，简直一无是处。我想，世界上应该没有一个如此坏的人吧。我突然觉得和她生活在一起我会受不了的。干脆还是她走她的阳关道，我走我的独木桥吧!”

其实，那个女孩非常中意我的朋友。

产生种种抱怨情绪，甚至采取一些消极对抗的行动，这是人一种正常的心理反应。但是，如果我们老是一味地抱怨，而不用一种豁达大度的心态来对待人或事，就会将自己弄得狼狈不堪。抱怨毫无意义，至多不过是暂时的发泄，结果什么也得不到，甚至会失去更多的东西。

人在遭遇不公正待遇时，通常会产生种种抱怨情绪，甚至会采取一些消极对抗的行动，这是一种正常的心理反应。但是，如果我们从另外一个角度，用一种豁达大度的心态来对待它，就会将这种不公正当做对成功者的一种考验。容忍和以德报怨是一种成熟的标志。一个将自己的头脑装满了过去的人是无法容纳未来的。聪明的做法是停止计较过去，停止对自己所遭遇的不公正待遇耿耿于怀。

面对困境，抱怨是无济于事的，只有通过努力才能改善处境。那些常常抱怨的人，终其一生，也无法真正成功。

与其毫无意义地抱怨和唠叨，不如去寻找那些值得欣赏的东西，赞美它，支持它，拥护它，理解它，你会发现结果将大不相同。

你是你最大的敌人

一个人自行隐藏在内心深处之久的一项观念，是不会在一天之中就消失无踪的。

人的行为往往决定于他们自以为是的——对自己以及四周环境的看法。这是最基本的道理，也是我们成长的方式。不管我们的想法是如何错误，我们仍然自以为是，并根据这些想法而采取行动。

利用暗示术来进行实验，也会得到相同的结果。

名投手唐·纽康伯在其棒球生涯如日中天的时期，最怕坐飞机旅行。他认为他所坐的飞机将会坠毁。

纽康伯去看一名暗示师。他在被暗示的情况下知道，他所搭乘的飞机不会坠毁。这位暗示师替他自己及纽康伯各买了一张来回机票——由纽约到底特律往返。纽康伯显然对这一次的暗示深信不疑，因此他在飞机上显得十分愉快，并高高兴兴地完成这次旅行。

洛杉矶道奇队的名游击手毛里威尔斯也获得暗示的帮助。他素以善跑盗垒闻名，但在某一时期却开始担心起自己的腿来。他认为他的腿很疼痛，却找不出发疼的原因。

暗示师为他暗示，并对他说："如果他因为太过于忧虑而破坏了他的盗垒能力，那就太糟了。"出乎威尔斯的意料，他的腿疼立即停止了。暗示师以间接方式把他腿部的真实情况告诉了他，而为他所接受。

人们在暗示的情况下，会对最不可能的真相采取行动。如果告诉他们水就是香槟，他们会因为喝水而烂醉如泥。如果告诉他们天气很暖和，他们将会流汗；然后再告诉他们，天气很冷（同样的情况，同样的气温），他们将会冷得发抖，拼命地加衣服。

一个被暗示的人，被告以他就是法兰克辛纳屈，他立即伸出手拿起一支看不见的麦克风，开始高声歌唱，一直唱到暗示师告诉他一项新的“事实”后，他随即调整过来。

这些人在暗示之下，都会接受新的事实——有些是真的，有些是假的。但这已经够了。你自己呢？你自己的真相又是什么呢？

你是否低估了自己的价值？大多数的人都是如此。你是否认为你自己太瘦，或是鼻子太长，或是太笨了，或是一事无成、运气不佳？这些跟你有关的“真相”，不仅是消极性的，且也不确切。你必须记住，上帝创造你是为了一个目的：在这个世界上为你自己以及你的同胞们做些有用的事。你必须记住，你们每个人，不管你们以前的经验如何痛苦，但每个人都拥有一些独特的优点。

你是你自己最大的敌人，你用一些严厉的批评性的“真相”来打击你自己，这些“真相”甚至是你真正的敌人也无法想象出来的。你把你的自卑感建立在任何一个稍具常识的陪审团都会加以拒绝的证据之上。你的“真相”其实一点不真实，它经常只是一种与你作对的偏见。

坚韧的美德可以培养

坚韧是一种意识状态，因此，这种美德是可以培养的。跟所有的意识状态一样，坚韧毅力也是以明确的动机为基础，这些动机包括下面几项：

（1）明确的目标：一个人知道自己想要什么，这是发展坚韧毅力的第一步，也是最重要的一步。这是克服许多困难的重大力量之一。

（2）欲望：在追逐强烈欲望的目标时，很容易获得以及维持坚韧毅力。

（3）自信：信任自己有实现某项计划的能力，能够鼓励一个人以坚韧毅力从头到尾完成这项计划。

（4）明确的计划：策划周详的计划，即使这些计划薄弱而且完全不切实际，也能鼓舞培养出坚韧毅力。

（5）正确知识：一个人的计划是根据经验或观察而来，而且是正确了解的，这可以激励人们发展出坚韧毅力；没有正确的了解，而只是胡乱猜测，这会破坏一个人的毅力。

（6）合作：宽容、谅解以及和谐的合作，能够协助发展出坚韧毅力。

（7）意志力：把个人的思想集中在拟订计划，以实现一项明确的目标上，这会鼓舞一个人培养出坚韧毅力。

（8）习惯：坚韧毅力是习惯造成的直接结果。人类的意识会吸收每天所获得的生活经验，并使自己成为这种经验的一部分。恐惧，是所有敌人中最可怕的一种，但只要能强迫自己每天重复从事一些勇敢的行为，就能克服恐惧。

自己检讨一下，看看你自己是否缺乏上面这些基本美德，若有的话，所缺的究竟是哪一种。勇敢地检讨自己，一点紧接一点反省，看看在上面这八点毅力因素中，你究竟缺少了哪几项。这种分析反省可能使你获得某些新的发现，而使你能够对自己获得新的了解。

在这时候，你将会发现阻挡在你以及重大成就之间的真正敌人。你不仅会发现到显示你缺乏毅力的某些“迹象”，也将同时发现造成这些弱点的潜意识原因。如果你真的希望了解你自己以及你的能力，你就必须好好研究这份清单，并且勇敢地反省检讨。所有想要成功的人，都必须克服下面这些缺点：

（1）不能明白以及明确地说出自己究竟需要什么。

（2）拖延，不管有没有理由（通常都有一大堆看来很冠冕堂皇的借口与理由）。

（3）缺乏获取专业知识的兴趣。

（4）犹豫不决，遇到问题时，不敢勇敢地面对问题（也会提出一大堆借口）。

（5）只知找借口，却不知创造明确的计划来解决各种问题。

（6）自我满足。对于这个缺点，只有小小的补救方法，但若是养成了这种习惯，那就没有希望了。

（7）漠不关心，这种缺点通常表现在一个人对所有的问题采取妥协的态度，而不愿去面对阻力以及加以对抗。

（8）把自己的错误归咎于别人，接受不利的环境，认为那是无法避免的。

（9）欲望淡薄，这是因为未能选择可以刺激行动的一些动机。

（10）在一看到失败的迹象时，就有意放弃，有时候还急于放弃。

（11）没有把周详的计划写下来，然后加以分析。

（12）当灵感或机会自行出现时，未能好好把握。

（13）只知盼望，却不知着手进行。

（14）向贫苦妥协，不知追求财富，缺乏一般的进取心。

（15）寻找发财的捷径，企图不花相当的代价就想致富。

（16）怕被人批评，担心其他人可能会怎么想、怎么说，因此未能拟出计划来，未能将它们付诸行动。

人生最大的幸福

一个人如果失去了健康，生命会变得黑暗与悲惨，会使人对一切都失去兴趣与热诚。能够有一个健康的身体，一种健全的精神，并凡能在两者之间保持相应的平衡，这就是人生最大的幸福！

不良的健康状况对于个人、对于社会所产生的危害到底有多大，有谁能够计算得出呢？在现实生活中，一些有作为、有知识、有天赋的人往往被不良的健康状况所羁绊，以至于终身壮志未酬。

许多人都过着一种不快乐的生活，因为他们自己意识到，在事业上，他们只能拿出一小部分的力量，而大部分的力量却因为身体不佳而无法奉献。由此，他们对于自己、对于世界就产生了消极思想。

天下最大的失望，莫过于理想不能实现。他们感觉到自己有很大的精神能力，但是却没有充分的体力作为后盾。自己感觉虽有凌云壮志，却没有充分的力量去实现，这是人世间最悲惨的一件事情！

许多人之所以饱尝着“壮志未酬”的痛苦，就是因为他们没有很好地坚持锻炼身体。保持身心健康，是事业成功的保障，也是提高工作效率的重要前提。

一个只专注于工作而很少休息、没有娱乐的人，他的动作一定不会像一个有休息、有娱乐头脑的人那样自然，那样有力。不时地变换工作环境，无论是对于“劳心者”或“劳力者”，都是十分有益的。“单调”是生活的最大摧残者。

有这样一位大公司经理：他每天在办公室中只工作几个小时，他经常出外旅行、休息。他充分意识到，只有经常保持身心健康，才能在事业上达到最高的顶点。

因为这样，他在事业上取得了成功。他不在办公室则已，只要一进办公室，就立刻能精力充沛地处理事务，由于他身心健康，所以办事十分敏捷而有力。他在三小时内工作的成绩，要超过别人八九个小时，甚至夜以继日工作的结果。

一个身体健康、精力充沛的人，能抵抗各种疾病，渡过各种难关；相反，一个在平日把气力耗尽，活力用竭的人，却经不起一点儿的打击。

“只工作而不娱乐，使得杰克成为一个笨孩子。”这句话最为确切地表达了工作与娱乐的关系。人们有着强烈的娱乐本能，这是事实。这句话也表明娱乐一事，应该在我们的生活中占有相当重要的位置。现在许多雇主都习惯于强迫雇员花过多的时间在工作上，这表明，他们还不懂得娱乐可以使人的身心趋于健全、可以提高工作效率的道理。

多数人的生活都循环往返于糟蹋身体、医治身体上了！其结果是：胃口不良、精力衰微、神经衰弱、失眠、精神抑郁不宁！不良的身体，衰弱的精神，真不知造成了天下多少悲剧，破坏了天下多少家庭！

身体和精神是息息相关的。一个有一分天才的身强体壮者所取得的成就，可以超过一个有十分天才的体弱者所取得的成就。我们需要有一个健康而强壮的身体，这是可以做到的，只要我们能够过一种有节制、有秩序的生活。拥有健康并不能拥有一切，但失去健康却会失去一切。健康不是别人的施舍，健康是对生命的执著追求。

麻绳和花同样欣赏

“生活是一团麻，那也是麻绳拧成的花”。当你面对生活中“斩不断，理还乱”的麻时，不要失望沉沦，因为麻绳同样也能拧成花。不要让乱麻扰乱你生活的兴致，麻绳和花同样欣赏，这才是正确的人生态度。

兴致是一种人格特质，有兴致的人，他们对许多事情都抱着乐于接触，并从中体验乐趣的积极态度。

生活有无兴致，反映了人的情绪，用心理学的术语来说，即情绪反应。

兴致是一种对事物的好奇和主动尝试，它背后有一股强烈的喜悦和动力，它使人活得生趣盎然，津津有味，使生活不再是枯燥地过日子，而变成了享受。兴趣通常是指对某一事物，产生自发的探索、思考和喜爱。但兴致就不同了，它是一种人格特质。

有兴致的人对许多的东西都抱着乐于接触，并从中体验乐趣的积极态度。他们再忙也有兴致抽点时间跟人闲聊几句，再急也不会忘掉保持几分幽默。这是一种情绪，一种对外部事物能够做出正确反应的情绪。他们悠闲中带着敏锐的品位，欣赏生活中诸多的乐趣，他们真正是生活的大师，是生活的主角。有兴致的人，情绪高的人，创意自然会高人一筹。

有兴致的人永远不会寂寞，他们很容易会发展出兴趣来。只要有些闲空儿，他们就会神往周边的事物，而不是呆板地固守其自身。他们有源源不断的新发现，欢乐的心情和对事物的细致的观察，丰富了他们的内心世界。

每个人都应调节自己的情绪，培养自己的兴趣，不要让自己的心枯萎，要懂得欣赏、接纳和参与，而不是孤芳自赏、愤世嫉俗。要融入生活，与生活格格不入的人，是寂寞的，并且肯定是不幸福的。所以要保持主动和兴趣，用童心去感受世界，那么，河边的石子、路边的野花在你眼里也会变得赏心悦目。

不受恐惧左右

事隔很多年，那男孩长成 25 岁的大人时，面临到更强烈的恐惧经验。这一次，他发现了一种虔诚的信仰，因此不仅能使他抵挡恐惧，而且事实上使他永远从恐惧中解放出来。

他平静地说，他再也不会受恐惧左右了，他觉得他有把握永远不会再感到害怕，生死如一。他说话的神态带着平稳的自信，完全没有装腔作势的样子。显然杰瑞·亚当斯已经获得虔诚的信仰，所以一切恐惧都消除了。他的信仰最后果然战胜了困境。

他的信念是在一次事件中产生的，事情发生在越南海岸外一艘美国航空母舰欧瑞坎尼号上。

当时，杰瑞是飞机上的投弹手兼领航员，每天都要在敌区上空完成两次飞行任务。每一天，他的飞机都要从军舰甲板上升空两次，这并不是一帆风顺的飞行。在飞越上空，杰瑞和他的伙伴必须面对着高射炮轰击的危险。而每次回来时，他们必须在汪洋大海中，找寻那块小小的降落甲板，这些都使恐惧有机可乘。但是杰瑞最害怕的事情，是飞机被打落，并且被公认为残酷无情的敌人逮住。

然而，最恐怖的经历出现了，但他却在这次经历中，找到了完全从恐惧中解放出来的方法。杰瑞的轰炸机机员包括海军少校李查·华滋和中尉伊格那修·施格，随行的乘客还有一位到西贡去的海军少尉。一架轰炸机的升空，总是一件令人肃然起敬的事，在150尺的甲板上，轰炸机要把35吨重的机身，从停顿状态一下子升腾入空，并以每小时200里的速度飞行着。

机员检查过飞机情况之后，准备上路。大家都把头向后靠在椅端的头枕上，等待着升空时的剧动。噪音越来越大，压力也增加了，飞机摩擦着牵制用的铜缆，发出尖锐的声音。从前坐在美国中西部云霄飞车上感到害怕的男孩，现在则坐着等待飞机升空，以进行另一次任务。但是飞机并不像平常一样顺利起飞，反而发生剧烈的摇动，金属嘎嚓作响，机身到处都有裂痕出现。破毁的飞机滑落甲板，至甲板边缘的一翻，连人掉落到一百尺之下，可能相当于10层楼的高度，人困在飞机内坠落海底。

这个悲惨的落海事件发生的时候，杰瑞的心里马上闪现死亡的阴影。但是后来，他想起他并不是孤单一个人。他感觉到上帝与他同在。而且这种感觉非常地强烈，丝毫没有疑虑。他在刹那间了解到，不管是生是死，上帝都会照顾他。他似乎感到天父的强壮手臂圈住他，所以不觉得惊慌，也不觉得恐惧。由于是从很高的航空母舰甲板上掉落，他和他的伙伴被迫落入约15尺深的水中。他沉得越深，四周就越漆黑。他挣扎着去找寻逃生舱口，发现连座舱都没有了；什么东西也没有留下来。他仍然绑在座位上，而他的脚显然有部分被破毁的机身拖住。这使他怀疑自己是不是能够浮出水面，因为他的两只脚都失去了知觉。后来他才知道两脚都断了。由于求生本能的自然反应，他把大腿和肩部的带子除掉，当他把救生背心胀大时，肺已经叫喊要空气了，所以他便飞似的浮出了水面。他看到殴瑞坎尼号的巨大船身约在数尺远。因为船开到这么近的地方来，所以他刚好在大船突出部分的下面。舰长把车舰转了个头，以免落海的人碰到船的巨大螺旋桨。他们全都获救了。杰瑞被人用直升机救起，却因为剧烈的痛楚而不省人事。在医院里休养了12个月，并接受数次手术之后，他又能够走路了。但是当他讲完这个戏剧性的故事时，他重复说："我现在知道上帝永远在我身边，所以再也不会有恐惧的感觉了。如果死亡终于来临，我也不会害怕，因为他会看顾我的。"

这个人已经发现到一生中最重大的真相。或许那是至高无上的真相：我们真的不孤单。他在面对死亡的经验里，发现了最重要的事物是所谓的虔诚信仰，那种信仰可以战胜一切困境。但是这种信仰和从前不一样，这是发自内心的新信仰。它使他产生深刻而不可动摇的信心。

养成独立的习惯

依赖别人就意味着命运掌握在别人手中。

彭晖原是一名优秀的学生，从小学到高中毕业，学习成绩一直名列前茅。每次期末考试各科考试之后，他总是问老师"这次谁考第二名?"因为他知道，自己准是考第一。然而就是这样一个高智商的优秀生，在生活上却是一个低能儿。

从进小学到中学毕业的12年，由于他学习成绩好，深得学校老师们的称赞和父母的厚爱。父母为了使他集中精力读书，成为一个有出息的人，家中什么活儿都不让他干，做饭、洗碗、洗衣服等事，从不让他学着干，甚至连他的床铺也是父母替他收拾的。每次吃饭都是母亲把饭端到他跟前。真可谓饭来张口，衣来伸手。因此，到他十七八岁时，和他同岁的孩子，什么活都能干，也都会干，而他却连叠被子、洗碗的基本劳作都不知道。

彭晖参加高考，以全县第一名、全省第二名的优异成绩，考入了全国重点大学——北京大学。这一振奋人心的喜讯，给彭家带来前所未有的欢乐，亲戚朋友都投以羡慕的目光，称赞他聪明。同年8月，彭晖以无比兴奋的心情，来到了首都，跨进了令人向往的北京大学，实现了成为一名大学生的理想。然而，当他开始大学生活没多久，由于他没有起码的生活能力，自己不会买饭，不会洗衣服，不能独立生活，感到十分苦恼，尽管同学们也给了他应有的帮助，但还是解决不了他的实际生活问题。在这种情况下，他只好向校方申请休学。学校根据他入学后的实际情况，批准了他的申请。

第二年开学时，学校给他寄去了复学通知书。但谁也没有料到，接到复学通知书的彭晖，居然因惧怕离开父母后自己不能独立生活而悲观厌世，在这种思想驱使下，他纵身从五楼跳了下去，过早结束了自己的生命。

依赖别人的习惯，是阻止你步向成功的绊脚石，要想成大事你必须把它们一个个踢开。

成大事者的身上具有许多种优良品质——勇敢、忠诚、创新、进取，当然独立也是这些品格中不可缺少的品质之一。如果一个依赖于他人的人也会获得成功的话，恐怕历史上就不会有很多民族为独立而战了。没有独立做前提，成功也许只是个假设。独立性格是成功者的必备条件，历史既然如此证明，现实生活也是这样。独立习惯的养成，对一个人的事业、未来、人生都有莫大的好处，一个青年人若想成就事业，这是个不可少的一个条件。

有一位学术界知名的学者曾告诫青年学生们说：

“如果你过分依赖别人，那你便会上当，因为你不能分辨别人的话究竟是对的还是不对的，而你对于别人的动机也就茫然不知。”

如果你要做一个成功的人，那就应该是个品格独立的人，首先你就应该学会对自己负责。

当你陷入困境遭遇孤独的时候，如果仅仅简单地去抱怨社会冷漠，别人自私，这只说明你对外界的依赖性太强，你太脆弱。

依靠别人来解决你的问题当然容易多了，无论发生何事，有个人可以商量总能让人觉得内心安定些。如果再进一步，别人愿意承担起完全的责任，自己更是完全松懈下来，表面上轻松了，但结果这种人便容易成为一个无法独立的弱者。

所以，当我们遭遇逆境的时候，我们首先应该学会依靠自己。这并不是教你在社会上单打独斗，更不是教你万事不求人，而是想告诉你，在这个世界上每个人都在忙自己的事，每个人都有自己的麻烦。社会不是家庭，社会也不是妈妈，社会是充满竞争的地方。

自我解嘲

快乐是属于聪明人的专利。

前美国总统林肯从小很自卑，他培养自信的方法就是通过自嘲来克服的。

大家都知道林肯长相丑陋，可他不但不忌讳这一点，相反，他常常诙谐地拿自己的长相开玩笑。有一次在竞选总统时，他的对手攻击他两面三刀，搞阴谋诡计。还有一次，一个反对林肯的议员，走到林肯跟前挖苦地问："听说您是一位成功的自我设计者？""不错，先生。"林肯微笑着说，"不过我不明白，一个成功的自我设计者，怎么会把自己设计成这副模样？"林肯听了指着自己的脸说："让公众来评判吧，如果我还有另一张脸的话，我会用现在这一张吗？"议员无以回击，知趣地走开了。

人生不如意十有八九，无论是生活、工作、爱情，但是我们不能就此放弃，我们需要一种解脱与超越，用自嘲来帮助你心情变好，快乐总是属于聪明人的布阵。

人的一生，总免不了有很多不如意、失落，甚至还会有那么几次感到绝望。每一个人都难免会失误或存在缺陷。有的人喜欢藏藏掩掩，其实越是这样，心理就越是失衡，往往会使自己陷入更为难堪的绝境。而最佳的解决方法是——自我解嘲。

有了自卑感的人，心理就容易失衡。但是我们从不少人身上发现，他们一旦有了自卑感，同时也会产生一种不断地弥补自己的弱点的本领。往往自卑感越强的人，这种补偿作用也就越明显。

美国著名演说家罗伯特，头秃得很厉害，在他头顶上很难找到几根头发。在他过60岁生日那天，有许多朋友给他庆贺生日，妻子悄悄地劝他戴顶帽子。罗伯特却大声地对大家说："我的夫人劝我今天戴顶帽子，可是你们可知道光着秃头有多好，我是第一个知道下雨的人。"这句自嘲的话，一下子使聚会的气氛变得轻松起来。

一个人生理缺陷虽然大，但没有必要使自己的自卑感也变强。别人看不上你这点是因为他有别的动机，总不能我们自己也看不起自己。正是这种自嘲感推动林肯走向成功，而自嘲就是他自我超越的工具。

无论是生活、工作、爱情，我们都会有许多不如意的地方，但是我们不能就此放弃，从而陷入低迷颓废的状态之中而不能自拔。我们不仅需要一种解脱与超越，有时用自嘲来帮助你心情变好也不失一种好方法。

充分相信自己

列夫·托尔斯泰说："决心即力量，信心即成功。"

具有女强人之称的吴士宏女士，原来是一名护士。对于自己的成长历程，她回忆说，她至今还清楚地记得，当年在长城饭店门口，自己足足徘徊了五分钟，呆呆地看着那些各种肤色的人如何从容地迈上台阶，如何一点也不生疏地走进门去，就这样简简单单地进入另一个世界。她之所以徘徊了五分钟不敢进去，就是因为她的内心深处无法丈量自己与这道门之间的距离。

她终于鼓足了勇气，迈着稳健的步伐，走进了世界最大的信息产业公司——IBM 公司的北京办事处。后来，她成为第一个 IBM 华南地区总经理。

相信你自己，对你的能力要有信心，如果你对自己的力量没有最起码的、适度的信心，你是根本不可能获得成功或快乐的。有恰当的自信心才会成功，自卑感和有心理缺陷会妨碍理想的实现。

可惜的是，许多人对自己"信心不足"。一位作家指出，世界上有三分之二的人营养不良，差别只是程度不同。同样，世界上信心不足的人也有三分之二，也只是有着程度的不同。营养不良使人的身体无法正常发育，信心不足则使人的潜能无法发挥。

正因为这种生活态度非常重要，所以，一个人想要发挥自己内在的潜力，获得成功，首先必须充分相信自己。

自信心就像能力的催化剂一样，它可以将人的一切潜能都调动起来，将各部分的能力推进到最佳状态。在许多成功者那里，我们都可以看到超凡的自信心所起到的巨大作用。这些人在自信心的驱动下，敢于对自己提出更高的要求，并在失败的时候能够看到希望，最终获得成功。

林肯认为：一个人决定实现某种幸福，他就一定会得到这种幸福。也就是说：你希望成功，并始终相信自己会成功，你就会永不停止努力，那么，你就会获得成功。

学会及时总结得失

可口可乐董事长罗伯特·高兹耶达说："过去是迈向未来的踏脚石，若不知道踏脚石在何处，必然会被绊倒。"

威廉·赛姆儿是美国著名投资大师。他的事业如日中天，在全球金融领域里，"威廉·赛姆儿"这几个字如雷贯耳。在一次十拿九稳的投资中，他由于分析错误而损失了一大笔资产。朋友与家人都对他很不满，可威廉·赛姆儿却异常沉着，将这次投资的整个分析过程一一回想，找到了其中产生错误的主要原因。紧接着，他又有了一次投资机会，家人与朋友都非常担心，害怕他不能从上一次的失败中解脱出来。但是威廉·赛姆儿本人毫不动摇，坚持要投资，并获得了成功。

在人漫长的一生中，谁也不能保证自己永远不犯错，但我们应该从错误中积累经验教训，而并非永远消沉。

忏悔是知错后的幡然悔改，是良知的复苏，是生命的升华。一个人有了错误，不要护短，不要掩掩藏藏，不要怕丢失面子，也不要怕失威信。要像卢梭那样勇于忏悔，像鲁迅、纪伯伦那样无情地解剖自己，这样才能打开人生的睿智之门，进入人生的更高境界。

"智者千虑，必有一失"，"金无足赤，人无完人"。人活在世上，谁都难免有这样那样的缺点，再聪明的优秀者他也会有考虑不周的时候，连爱因斯坦都宣称，他的错误占90%，那么我们普通人就更不用说了。但是，人不怕犯错误，就怕不知错，知错却毫无悔改之意，任错误继续蔓延，其结果可想而知。学会及时总结得失，我们自己才会不断完善，一步一步迈向成功。学会及时总结得失，我们才会有个良好的心态，宠辱不惊，面对生活反馈给人们的一切。“人贵在自知之明”，及时总结得失，你会自知、自尊、自信、自律，你会奋进、你会卓越。

第三章　成功者永不放弃

挫折是把双刃剑

一个人的失败，往往并非是因为他缺乏智慧、能力、机会或才智，而在于他没有全力以赴，不能充分排除障碍，战胜挫折。

挫折是普遍存在的一种社会心理现象，任何人的一生都不可能是一帆风顺的。因为客观事物不仅纷繁复杂，而且在不断地发展变化着，人们对它的认识需要有一个不断加深的过程；同时，要达到目标也要有一个积聚力量、创造条件的过程。所以在这些过程中碰到困难是很难避免的，总会遇到一些障碍和干扰。

当我们的事业遭受挫折时，自己应当分析产生挫折的主客观因素，通过倾诉或其他宣泄方式疏导自己的消极情绪，从理智上感谢这些困难，因为困难能更加促使我们走向成功。

挫折既是坏事，又是好事。挫折一方面使人失望、痛苦，使某些人消极、颓废，从此一蹶不振，或引起粗暴的消极对抗行为，导致矛盾激化，还可能使某些意志薄弱者因此失去对生活的希望，造成严重的人身事故。另一方面，挫折又给人以教训，使犯错误者猛醒，认识错误，接受教训，改弦更张；它能砥砺人的意志，使之更加成熟、坚强；它还能激励人发奋努力，从逆境中奋起。

排除挫折时，援助常常来自外界，不要羞于开口，而错失可以寻求的帮助。“一个篱笆三个桩，一个好汉三个帮”，拒绝或忽视可能的协助，只会导致失败。

你应积极地思考，诚实地提出你的问题，倾听别人的回答，广求建议。这样，你将会发现，别人是多么乐意帮助你，你的问题也就可以顺利解决了。

感谢那座山

现在我们再来谈另一个危机。这是肯萨斯州托佩卡镇的本·富兰克林所面临的危机。在这儿提出这个故事，为的是要说明“你认为你行，你就行”这个观念的力量，尤其是它配合精神的时候。在 1972 年元月的《标杆杂志》上，本·富兰克林说：

在我 18 岁的时候，山和我作对起来。

在那以前，我一直是山的主人，登山一直是我最大的喜好。每年夏天我都要爬山，而每年冬天我梦想着在下个夏天我又要去登山了。

但是 1963 年 4 月 14 日，我从山上摔了下来。我带着科罗拉多大学两名一年级学生去爬山，我攀登一处垂直面，我的绳子磨到了一处崎岖的突出面，绳子断了，我仰跌下去，跌到有七层楼高的峡谷下。

我感觉好像飘浮在黑雾中。在疼痛中所能想到的是：我的绳子是怎么一回事？我的绳子出了什么问题？我的同伴惊慌急迫地降到我身边来，他们的声音隐隐地传到我的耳中。

等到救援队带着担架到来的时候，我已经昏了过去。我给绑在担架上，带下峡谷，抬上救护车，车子高速尖叫着飞驰到丹佛。

外科医生把我碎裂的骨盆拼凑起来，又辛苦了 4 个小时，把我断成四块的背脊骨组合起来。接着又经过了好多天呵护医治。在疼痛减轻之后，我逐渐恢复了知觉，但是精神上的痛苦开始了。

盖在我身上的被单不会移动。我可以转动我的手指和扭动我的手腕，但是极为惊恐下，我发现自腰部以下的我已经死掉了。失掉了那双曾经支持我登山的腿？这事怎么可能发生！

我愤怒。那双腿是我的，它们以前在我的指挥下可以移动。我残暴地试着要找到一些可以收缩的肌肉，找到一些可以穿透被单下死寂身体的神经。我转动我身体内每一根情感组织，传达意志，以使我的腿能够移动，但是毫无反应。

我挣扎着要找寻恢复的希望。好多天过去了，我的腿部肌肉开始萎缩。我开始祈祷——绝望地祈祷。我在这种极度没有希望的危机中把自己交给上帝。夜间在我的病房中我对他说话："您知道我要能再度行走，但是我做不到。我已经没剩下什么了，亲爱的上帝。我已经尽我所知道的方法努力试过了，但是只发现我的意志毫无作用。我的意志如果达不到这个目的，那么让您的意志来完成我的目的吧。"

我慢慢放松而沉沉入睡。这是自从失事之后，我第一次尝到平静入睡的安宁。太美了，我无助的感觉已经完全消失。在我把一切交给上帝的祈祷之中，我接受了失事的事实。在这样做之下，我放弃了我的意志而听从他的，我不需要再战斗了。

第二天晚上我居然可以扭动一只足趾。

足趾真的动了吗？或者那只是摇动的影子？

我极度惊奇地注视着被单的那一点，害怕再试一次。然后，非常小心的，我又试了一次。

被单再度移动了。我爆发出极度的快乐声，大笑大叫。一位带着一脸关注的护士冲了进来。我要亲她，她立刻跑了出去。我大声祷告感激上帝，感恩的泪水流满了一脸。

从那晚以后又过了好几年，但是我的快乐继续不断。我现在仍然部分瘫痪，但是在轮椅上只坐了一年，我就进展到绑上腿支架，拄着拐杖走路了。我从大学毕了业，跟我父亲工作。我父亲是安排演讲的经纪人，我拄着拐杖走遍了全世界。

我为我所走的每一步感谢上帝。我甚至于感谢那座山。因为就是经由那一次事件，我发现了比登山还深的欢乐。我为我只在 18 岁就发生事故而感到快乐。

保持充沛的信仰态度

人的心灵是一种很奇异的工具，而使心灵发挥作用的思想，能够决定人的处境以及他处理日常问题方法的好坏。我们长久以来怎么想，我们就是那样的人。现在的你，可以说就是过去10年左右你的主要思维模式所造成的。如果你我想知道从今天起的10年以后，我们会变成什么样子，结果就决定在你我今后10年的思想方式为何。积极原则就是一种科学的思考方法，可以使事情好转，而且一直好转下去。

恐惧的想法能够破坏创造力，而且更糟的是，它们会使你经常害怕的事情成为事实。在《圣经》中，有一段非常醒目的话："我所恐惧的临到我身……"由于经常害怕某种麻烦、疾病、意外或失败来临，而且长期使恐惧感保持强大的结果，于是促成长久害怕的事情真正发生的力量，会越变越强，甚至从无到有。

同样的，我们长久所相信的一些事情，诸如好的结果、健康、伟绩和成功，也能够降临在我们身上。恐惧和消极主义虽然能够产生破坏性，但是信心和积极主义也能创造和发展。因此，我们一定要保持活力充沛的信仰态度，持之以恒，因为那里面有很多很多的力量。

修·富勒敦是一位资深的体育记者，他的文章非常有可读性，几年前，他在某报发表了一件奇事。那是关于一位德州队经理乔许·俄瑞利的故事。俄瑞利先生的球队在那一季的表现不佳，即使他的队里有七个打击率30%的打击手，也是无济于事。似乎棒球联赛里的每一支球队，都能打败他的优秀球员。然而他们原本是一定会得到冠军的。可是球队一直表现得很反常，不管怎么样的批评或威胁利诱，都没有办法使他们恢复正常。

当时刚巧有一位施乐特牧师在附近开传道会。施乐特牧师以医治心灵病症著称，远近各处的人，都深信他是一位奇迹的创造者。

有一天，乔许·俄瑞利没有办法再忍受队员的失常表现了，他要每位队员交给他两支他们最喜爱的球棒。他把球棒装在手推车里带出去。稍后，经理在下午的球赛开始前带着球棒回来了，他说他把球棒拿到施乐特牧师那里去，牧师已经给了球棒祝福。球员都很吃惊，他们以敬畏的神情看着球棒。于是他们完全变了。那天下午，他们势如破竹，一连打出了21分。那年夏天所剩下来的场场球赛中，他们都表现得很好，终于成为全国冠军的球队。听说，其后数年，棒球员都愿意出高价买一支施乐特球棒。

我们一定要知道，那些叫做球棒的木制武器本身，并没有发生什么改变。不过，那些挥舞球棒的队员的心上，倒蒙受了奇异的魔法。他们的心获得了重新调节的机会，以至于能够摆脱失败主义者的失常现象，而成为所向无敌的常胜军。

因循接受消极的假设而不觉醒的人，往往会一败涂地，但这种人能够因为虔诚而战胜一切困难的信仰，使情况彻底发生改变。心志获得适度的重新调节之后，态度就会跟着改变，于是人变得活力充沛起来，甚至坚持积极思想，不管环境怎样恶劣，都绝不放弃。

寻求虔诚信仰的人，内心里都有一股想不断发挥自我能力的冲动。他们是非常奋发的人，永远也不会满足于现状。他们内心有一股永不止息的力量，驱使他们攀登更高的境界。

几乎每当有人第一个达到了长久以来没有人能达到的目标而打破纪录时，马是就会有人完成相同的伟绩，或甚至超越他。一旦有人证明了那件事可行，其他人就会跟着做，因为由于开路者的典范，他们相信自己也能攀登山岭，达到目的地并凌驾其上。

你就是你

人类各具有不同的体型、外表与肤色，人类彼此具有很多细微的不同之处。我们每一个人都与别人不同。你是独一无二、与众不同的，你应该把这项事实看做是一股积极的生命力，而不应该把它当做是你差人一等的原因。

然而大多数人充满了自卑感，因此阻碍了他们获得成功与幸福的机会。

在这个世界上，每个人在某些方面都比其他人要差一点。当然，你无法把高尔夫球打得像名选手亚诺德·巴默那样远；你无法跳得像舞王佛雷亚斯坦那般精彩。同样的，你也无法在拳击或体育方面胜过克莱。承认了这些缺点，并不会令你感到自卑，一点也不会。你不必拿自己和他们相比，你有你的独特优势。

每一天，你都会遇见一些在某一方面比你更优异的人——会计、推销员、公司老板等等。这又有什么关系呢？另外还有许多事情，你可以做得比他们好。

同样的，他们也不必为了这些原因而感到自卑。

当我们感觉自卑时，那是因为我们拿自己和其他人互相比较，并且认为我们应像“某些人”一样，或甚至和“每个人”相同。当然这是错误的概念，因为“每个人”都是由个人组成的，没有两个人是完全相同的。

我们自己对自己制造不利的影响，而这些影响通常是建立在错误的假设之上。

许多人对自己十分苛求，他们认为自己差人太多，因此简直无法面对自己。为了要使生活能够继续，于是他们只好努力改善自己，不断地鞭策自己，使自己完全受困于不实的悲惨境界之中。

低人一等和超人一等，其实只是一枚硬币的两面——对于这个问题的解决方法，十分简单——那就是要了解这枚硬币本身就是制造的。

这是一个极其易懂的道理，你既不比你的人类同伴“高一等”，也不会“低一等”。

“你”就是“你”，你要勇敢地做你自己。

真理是这样子的：身为人类，你并不和其他任何人完全相似，上帝使你成为一个与众不同的个人。你将永远不会和另一个人完全相同，永远也没有这个可能性。

你可能这样想：这些话说得不错，但是我对自己的真实看法却是消极的，而且很久以来一直都是这样子的。我能够改变它们吗？

是的，你能够。只要你想想有关于自己的新观念，从新的角度来看你自己，把你自己看成是这个世界上独一无二的个人，忘掉你过去的失败，埋葬它们，想想你的成功，尽管你的成功可能不大。记住，你有责任使自己在这个世界上的生活尽量过得幸福快乐。

请相信这项新的事实，并积极地采取行动！下决心做自己的朋友，不要做自己的敌人！

这并非告诉你改变你自己真的很容易，只要你不断努力，同时遵照本书中所描述的建议，自行从事练习，你一定能够成功，而且将可能改变你的自我心像。

你的另一项选择，是属于感官上和创造性的，它可协助你发展出真实而成功的自我心像——就是你的想像力。

想像力就如同喜悦与忧愁那样难以捉摸。你无法把它放入瓶子中，也不能把它自瓶子中取出来。

想像力以“自我”为中心，同时进入我们的每一行为之中。它给我们目标，使我们向着目标前进。我们采取或不采取行动，也将因为想像力的缘故而获得加速进展或停止不前。

如果你积极使用你的想像力，就可以使你自己成为一个更伟大的人物。

在史塔尼斯拉夫斯基的“表演逼真法学校”中（“表演逼真法”为史氏所倡导，他主张演员应与剧中人融合为一，如此才能表演逼真），我们发现了一个运用想像力的最佳例子。有位表演逼真的演员扮演莎士比亚剧中的一名国王，他幻想自己就是这位国王，把自己完全融合成为这位国王。他站在舞台上，为了观众，把这项幻想变成现实的生活。

一般来说，演员们都可以做到这一点。在一幕戏中，有位女演员饰演一位16或17世纪的女郎，她被人指控是一名女巫。

她把自己想象成就是那名女郎，她把这个角色演得很好，后来演到审判时，她被指控为女巫，她很愤怒地抬头望着天空，在观众看来，她似乎浑身充满邪恶的力量。你因此可以了解，当时那些未开化、迷信的人为何会相信在这世界上真有巫术的存在。

有一些演员只要运用他们的想像力，就能够完全改变他们所表现出来的形象。名演员迪克·鲍尔从载歌载舞的男子改变成为一名硬汉侦探，而且把这两种角色都表演得十分成功。詹姆斯·卡格尼扮演过恶毒的杀手、“大好人”或是一艘怪船的船长，每种角色都演得同样好。琼·艾莉森多年来一直饰演甜蜜善良的女郎，后来演一名精明狡猾的女商人，同样逼真得令人信服。

帮助别人带来回报

回报不是帮助别人的目的，但帮助别人常常带来回报。

一个寒冷的夜晚，一个简陋的旅店来了一对上了年纪的客人，不幸的是，这间小旅店早就住满了人。

“这已是我们寻找的第 10 家旅社了，这鬼天气，到处客满，我们怎么办呢?”这对老夫妻望着阴冷的夜晚发愁。

店里的小伙计不忍心让这对老年客人受冻，便建议说：“如果你们不嫌弃的话，今晚就睡在我的床铺上吧，我自己打烊时在店堂打个地铺。”

老年夫妻非常感激。第二天他们要按照旅店住宿价格付客房费，小伙计坚决地拒绝了。临走时，老年夫妻开玩笑地说：“如果你经营旅店，你可以当上一家五星级酒店的总经理。”

“是啊！起码收入多些，可以养活我的老母亲。”小伙计随口应和道，哈哈一笑。

没想到，两年后的一天，这个小伙计收到一封寄自纽约的来信，信中夹有一张往返纽约的双程机票，信中邀请他去拜访当年那对睡他床铺的老夫妻。

小伙计来到繁华的大都市纽约，老年夫妻把小伙计带到大街上，指着那儿的一幢摩天大楼说：“这是一座专门为你兴建的五星级宾馆，现在我正式邀请你来当总经理。”

年轻的小伙子因为一次举手之劳的助人行为，美梦成真。这就是著名的奥斯多利亚大饭店的总经理乔治·波菲特和他的恩人威廉先生一家的真实故事。

人都是有感情的，当你真心帮助别人的时候，别人也会因你的言行而感动，给予你同样真诚的回报。

为对方着想才能赢得别人的信任，才能赢得别人的尊重，才能赢得别人的真诚与友谊。一个只为自己的利益着想的人，是不可能赢得别人的尊重和友谊的。这种人是孤独的，因为他没有真正的朋友。

为对方着想可以树立良好的个人形象，可以培养令人景仰的个人魅力，可以为人生赢得良机。

心灵的痛苦需要一束光

一天，有个刚做完眼部手术的孩子。摸索着来到了医院后院，坐在一棵大树下。一片树叶飘到了他的头上，他随手一摸说："这是杨树叶，还是……""是杨树叶。"接着，一双大手摸到了他的脸上。"小朋友，几岁啦?""12 岁。""你眼睛不好?""啊，从小就有毛病。伯伯，您说这世界美丽吗?"

"美啊！你看，这天空是蓝色的，这远处的山雄伟挺立，那云朵洁白可爱。在咱们对面有一泓清水，水面上浮着粉红的荷花，碧绿的荷叶。"当孩子沉浸在欢乐中时，突然，他抓住那个人的手，问道："伯伯，我的眼睛能治好吗?""能，能！孩子，只要你认真配合医生治疗，就会好的。""真的?""真的!""那边是什么？还有那边儿？……""那边呀，是……"

以后，就时常看见两个人谈天的身影。

过了一段时间，这个盲童终于拆了线，他看到了光明。当他适应了刺眼的阳光后，便跑向了后院。

他来到那个黑暗中给予他欢乐的地方，用他那明亮的双眼向四周一望，他愣住了。原来，这里没有花木，没有清水，没有大山，有的只是一堵墙壁和一棵老树。在残秋冷风中坐着一个老人，他戴着一副墨镜，身边放着一根探盲棒。老人捧着一片杨树叶，在低低地说着什么。

泪水从孩子刚刚获得光明的眼里滑落下来，这份感动来自留给他一片光明的老人的诉说。

高明的医术医治身体痛苦，心灵的痛苦更需要一束光，一阵风，一片叶子，一只飞鸟带给人们的那份对生命的感动，它的疗效是永远不向命运屈服。

乐观豁达的人，他们的眼里总是闪烁着愉快的光芒，他们总显得欢快、达观、朝气蓬勃，他们的心中总是充满阳光。当然，他们也会有精神痛苦、心烦意躁的时候，但他们不同于别人的，就是他们总是愉快地接受这种痛苦，没有抱怨，没有忧伤，更不会为此而浪费自己宝贵的精力，而是拾起生命道路上的花朵，奋勇前行。

有人把快乐的心情比喻成一股永不枯竭的清泉，有人把快乐的心情称为蔚蓝的天空，快乐的心情是一首没有歌词的永无止境的欢歌，它使人的灵魂得以宁静，使人的精力得以恢复，使美德更加芬芳。人的精神、灵魂、美德都从这种愉悦的心情中得到滋润，尽管烦恼和不安总在时时吞噬着这种美好的心情，各种挫折和磨难会一点一滴地消耗它，但这如清泉甘露般的美丽心情永远不会枯竭，而是历久弥坚，以至永远。

如果我们心情豁达、乐观，我们就能够看到生活中光明的一面，即使在漆黑的夜晚，我们也知道星星仍在闪烁。这个世界是属于我们每一个人的，而真正拥有这个世界的人，是那些热爱生活、拥有快乐的人，也就是说，那些真正拥有快乐的人才会真正拥有这个世界。

走到别人的前面

上海有一家牙膏厂，企业业绩开始下滑，公司总裁鼓励大家出谋划策。若能提高企业效益，重奖10万元。一位经理听后递给总裁一张纸条，写着“把牙膏的口径扩大一毫米”，总裁看完后，立刻签了一张10万元的支票给他。小小的一毫米，使每天的销售量大大增加。公司采纳了这个建议，终于扭亏为盈。

一个人要想获得成功，就要不断地发明创造，打破常规，走到别人的前面。

急剧变化的年代，变是唯一不变的真理，那种固定不变的常规型管理已经不能适应时代要求，必将为创新型管理所取代。所谓创新型管理，一是指为适应科学技术、经营环境的急剧变化，不断进行战略创新、制度创新、组织创新、观念创新和市场创新，把创新渗透于整个管理过程之中，作为经常性的主要管理职责。二是每个经理人都将成为创新者。长期以来，经理人主要工作职责是处理、管理业务，写写算算和开会占去了他们的大部分时间，进行创造性思维的时间极其有限。电脑的大量应用、自动化管理信息系统的建立。使管理工作效率几十倍成百倍的提高，从而使经理人将大部分时间用于创造性劳动，研究新问题、新动向，新思路，成为创新型的工作者。三是每一个企业要建立新的机制，为全体员工提供创造才能自由发挥的空间。长期以来，管理组织与制度的设计，常常以避免错误发生作为出发点，过多地强调管制，在一定程度上束缚和抑制了人们的个性和创造力。面对未来，需要建立能够激励人们不怕风险，不怕犯错误，勇于创新探索的管理机制。四是在激烈的竞争中一味模仿别人的企业是难以生存的。实践证明，成功的企业必将是具有个性化、活力化特征的创新型企业，是能够创造出与众不同的产品和独具特色的经营方式的企业。也只有如此，才能创造出万紫千红、绚丽多姿、五彩缤纷的大千世界。

多一份宽容和理解

世俗的目光是永远看不见自己的模样的。

有一位老妇人，一直不喜欢她家对面的那位年轻妇女。老妇人抱怨说：“我没看见比她更邋遢、更懒惰的人了。她的衣服永远都洗不干净。你看看她晾在院子里的衣服，你就会发现，那上面总是有斑点，她怎么会连洗衣服都洗成那个样子呢?”

有一天，一个朋友到这位老妇人家，当老妇人又开始抱怨的时候，这位细心的朋友向对面院子仔细看了一下，才发现事情的症结所在。这位朋友拿了一块抹布，把老妇人家窗户上的玻璃擦了擦，将玻璃上面的灰渍抹掉了，然后拉着她再去看对面年轻妇人的衣服，说：“你看，她的衣服现在怎么样?”这位老妇人再一看，发现对面年轻妇女的衣服是干净的——原来是自己家里的玻璃脏了。

老妇人因为自己不了解真实情况，想当然地认为年轻妇女不如自己，这时候，偏见就产生了。很多人都不了解自己或者缺乏了解自己，原因就在于我们把目光总是放在别人身上，而没有看到自己存在的问题。

所谓“人无完人”，我们每一个人都或多或少地存在一些缺点。在面对自己的优点与缺点时，要扬长避短，充分发挥自我优势。但是，怎样面对别人的缺点呢？宽容与理解是必不可少的。如果你总是对别人的缺点十分苛刻，就会引起别人的反感，甚至“以恶为仇，以厌为敌”。一个能够容忍别人缺点的人，必定是胸怀宽广、受人尊敬的人，而且也是拥有辉煌人生与成就的人。

容忍别人的缺点是尊重别人，同时，你也将赢得别人的尊重。相反的，一个不能容忍别人缺点的人，不可能拥有真正的朋友，而他的人生也难以成功。要改变人生，就要赢得朋友的支持。所以，在面对别人的缺点时，要尽量多一份容忍与理解。

我们都有缺点，我们可以推心置腹地想一想，假如自己的缺点不能被别人容忍会有什么样的结果，对自己的影响有多大。这样，我们就能找到容忍别人缺点的理由。曾经有一位非常出色的外交家说：“以前社交圈比较狭窄，只知道别人有很多缺点。现在随着社交圈的扩大，接触了形形色色的人后，才有知心朋友告诉我，其实我自己也有类似的缺点。我希望别人能够容忍我的缺点，所以我也常常容忍别人的缺点。”

我时刻与孤独和寂寞相伴

俗话说：守住一片云，才能有晴天。

苏伦斯是英国某企业的老板，他在谈到创业之路时感慨地说：“我觉得自己太孤单、太寂寞了。可是，我明白，这是创业之路上必须忍受的。”

他最初只是某家公司的职员，当时工作非常辛苦。在到这家公司之前，他也曾有过其他几次工作经历，深知其中的苦辣酸甜以及竞争所带来的压力。在这家公司里，他几乎从不懈怠。他自己工作起来就没有星期天，别人在周末与朋友聚会的时候，他不是在处理公事就是在学习。除了做好本职工作以外，他还十分努力地学习。用苏伦斯自己的话说：“我时刻与孤独和寂寞相伴”。

后来，苏伦斯的工作越来越出色，对工作流程，以及整个行业也非常熟悉了。他决定自己当老板，开始做起了真正的属于自己的事业。他说：

"我就更不得了，恨不得一天有 25 小时。自己当了老板后就更加忙了，除了在工作上的联系，其余时间很少能够与朋友坐下来闲聊"。

我们不可否认的是，任何一个想要创造事业，想要在人生之旅上赢得成就的人，都不可避免地可能要与孤独和寂寞相伴，其内心的热情支撑起孤单的生命状态。因为有信念为依托，这种孤单并不寂寞，一个人在寂静独处的世界里，单独而不孤独的感受正是来自一个人成就灵魂的支撑。

"我觉得自己太孤独了、太寂寞了。但是我明白，这是成功之路必须经历的。"乔治·马克说，"每一个获得成功的人，在他的身后，必将有一段不为人所知的艰辛、孤独、寂寞的历程"。

任何一个要想获得成功的人，任何一个要想有所成就的人，任何一个要想出类拔萃的人，都不可避免地要经历孤独与寂寞的磨难。只有这样，我们的灵魂才能升华，只有经受住这样的磨难，事业才能蒸蒸日上，只有这样才能心想事成。

如果你要改变自己的命运，如果你不甘心平凡，如果你渴望成功，那么，你就不要惧怕孤独与寂寞与你为伴。尽管我们不认为出现孤独与寂寞的现象全是你的错，但是最好还是不要让自己处于这种环境中，因为事业成功，必须有朋友帮助。

想象一个健康的自我心象

你是根据你对自己过去的心理印象而形成你目前的自我心象，并根据你对自己生活经验的判断而成长。我们现在将利用这种相同的幻想力，来建造一个健康的自我心象。

但是你要记住：如果不努力，是不会产生变化的。因此你必须十分努力，才能获得令人鼓舞的结果。

你必须每天抽出时间来从事这项练习，建议你一天抽出一小时来。不要使你自己成为这个时间表的奴隶，但要约束你自己，以便在 10 天当中，至少有 9 天你会从事这些练习——直到你已经获得你所希望的结果为止。如果改变自我心像对你十分重要——那么你将会找出时间来练习的。

找个安静、容易休息的地方坐下来或躺下来，放松心情，尽量使自己感到舒服。然后闭上你的眼睛，让你的想像力替你工作。

在你的脑海中，想象你真的喜欢你自己；想象你正在观看一部电影，一部以你自己为主角的电影；想象你正处于一个困难的情况中，而你正处于处理这个问题的最佳状态中。

假设你是一位年轻女性，芳龄22，单身，并已经辞去了你不喜欢的速记工作，你希望找一个私人秘书的工作，你知道你当一名私人秘书，必可胜任愉快。

你的问题在于接受求职面谈时，会十分紧张而拘束。每一次你去找一项工作时，你的自我心像就很低落。

这不是真的。当你16岁时，你希望获得一个女子夏令营中担任游泳教练的工作。你那一天的表现很好，好极了！想象那次面谈的情形，在你的想象中看清楚及感觉出当天的详细经过。

你走进办公大楼，高跟鞋在大厅里踢踢踏踏地响。夏令营的办公室在13楼，你对他们的不迷信感到好笑。你对着操作电梯的工人微笑，他说："早安。"

夏令营的办公室是间小房间，但你并不觉得狭窄。你坐了下来，整整衣服。你那一天穿着黑色的衣服、金色的纽扣，你的头发闪闪发亮。你觉得自己很漂亮，而且一点也不担心这次的面谈——你认为自己绝对可以过关。负责口试的人坐在一张旋转的皮椅上，对你似乎十分友善，因而你也觉得自己很友善。

不停地想象着这个情景的详细细节，再度感受你在那次面谈时所感觉到的信心。在你的脑海中看清楚每样东西——桃心花木的办公桌、主考官的眼镜一直到过去的这项成就已成为你的一部分；你准备以它为基础来采取行动，使你忘掉了对其他面谈的恐惧，使这项新的信心成为你正在成长中的自我心像的一部分为止。

现在你可以把这个方法应用在实际例子上。

也许你已经是60几岁的人了。你不再工作，大部分时间都用来从事社区活动。你很高兴地参加了某个社团，但是每到开讨论会的时候，你就很紧张，因为你无法畅所欲言。相反的，你却把自己隐藏起来，担心自己成为大家注意的焦点。不过在10年前的某一次，却不是这个样子的……

也许你是一位30岁左右的年轻人，负责养家糊口，你很喜欢打网球，但你一站到网球场上时，却觉得有点心虚与尴尬。然而你还记得那次打败福兰克的情景，那也是你打败他的唯一一次？……

也许你是位50多岁的妇女。你的孩子都已长大、结婚，当你看到他们时，你觉得你对他们像是一位陌生人，再也无法进入他们的世界，无法和他们沟通。但是你可记得，你在6个月前和你的儿媳妇作了一次温暖而真诚的谈话，化解了彼此的敌意？……

只有你才知道自己的问题与处境，你能从自己的内心深处感受到它们。在这个练习时期内，把你的注意力集中在某一项基本的问题上，但要做这项重要的改变：这一次你将在脑海中，看到自己以你所喜欢的方式处理这个问题。而且这一次你很成功，并把这项成就带到你内心的银幕上，一次又一次地欣赏。

你昨天采取什么行动并不重要，你明天采取什么行动也不重要。把你自己看做是一名成功者，并维持这个形象。如果你想成为你心目中的理想人物，发挥你真正的潜力，你不妨想象你的这种感觉。如果某种情况已经吓坏了你，想象你自己已经克服了它们，你已经克服了自己的缺点，获得胜利。

你的想象的威力极大，你可能需要好几个星期的时间才会发觉。你可能会暂时怀疑这股伟大的力量，因为它是不可捉摸的，你无法抚摸到它。信心本身是我们最大的财富之一，但它并不是具体的。

随着时间的过去，你带着更大的信心走进这个世界，你的行动跟以前大不相同。

渴望生活在梦幻王国

有一段简短的新闻报道，提到了舒曼·海恩克夫人，使我们多少了解这位不平凡女士如何能成为一位杰出的歌唱家。她的成功因素只是欲望一项而已。

舒曼·海恩克夫人刚出道时，有一次去拜访维也纳宫廷歌剧院负责人，要求给她一个试唱的机会。但这位负责人并不给她机会。他在看了一眼这个态度不安、衣着简陋的女孩子后，就很不客气地大叫道："凭你这样的脸孔，而且完全没有一点特色，你怎能希望在歌剧方面获得成功？好孩子，放弃这个念头吧。买一架缝衣机，去工作吧。你永远成不了歌手的。"

"永远"是很长的一段时间。维也纳宫廷歌剧院的院长对演唱技巧有很深的了解，"渴望"在成为朝思暮想的心愿之后的强大力量。

几年以前，一位商业家生病了。他的病情越来越严重，最后被送到医院开刀。医生警告说，他生还的机会很少，甚至可说没有。但那只是医生的看法，并不是病人本身的看法。就在他被用担架推走之前，他很虚弱地对他朋友说："不要担心，老哥，几天后，我就能离开这儿了。"在旁照顾的护士以同情的眼光看着他们。但是，病人还是安全地活了过来。在整个事情过后，他的医生说："救了他一命的，不是别的，就是他想要活下去的这股欲望。如果不是他拒绝死亡的话，他可能活不了。"

(1) 当欲望把伟大的力量集中在你的胜利目标上时，你不需要安排任何后退之路；胜利是一定会来临的。

(2) 本章中所指示的，把欲望转变成黄金。对钢铁大王来说，这些原则价值一亿美元。

(3) 欲望能从暂时性的失败中创造出新的胜利。欲望使人在火灾的废墟上建造出世界上最大的百货公司。

(4) 一个"没有机会"的女士成为一位伟大的歌剧歌手。一个被医生认为无救的人，却安然活了过来。帮助这些人获得胜利的，就是欲望这种神奇的力量。

(5) 人类的意识是没有止境的，除非我们对自己加以限制。

现在做十分钟的脑力体操：

还记不记得小时候玩的游戏？例如"过家家"，假装自己是个大人，做大人的事。现在你是个大人，至少要想象如此。你要把自己"看成"大人物，做你想做的事，尽量自由自在的发挥你的想象：你有一部最好的车子，你有好几个仆人，任你发号施令。

现在你要尽量发挥你的想像力，尽情幻想。

想象你正在计划一次旅行——前往"梦幻王国"，假设你已在现在的环境摇身一变，得到完美无瑕的快乐和心灵的平静。

如果你是男人，你可能羡慕那些把家人奉养得既舒适又豪华的人，他们住在富丽堂皇的房子里，仆从如云，他们有最新型的大轿车，他们都穿着上好的衣服，他们有很多钱到世界各地去观光，并且供应儿女就读最好的中学和大学。

如果你是女人，你可能梦想做一个职业妇女，或许是一名作家，或许是杰出的服装设计师，你也可以到舞台、银幕或电视上求发展，成为家喻户晓的名演员。

是的！现在你要生活在梦幻里，永远离开单调、无聊、失望及灰心的环境，到达你理想的王国。

害怕批评

很多人在婚姻方面犯下错误，未能把握良好机会彻底解决，结果一生过着悲伤及不幸福的日子，这主要是因为他们害怕，如果他们改正这些错误的话，将会招来很多批评。（任何人若向这种恐惧屈服的话，将会了解到这种恐惧的惊人破坏力：它能破坏一个人的野心以及希望获得成就的欲望。）

数以百万计的人在离开学校之后，就未能再继续接受教育，主要是因为他们害怕受到批评。

无数人由于害怕受到批评，因此允许亲戚们以顺从之名破坏他们的生活。（顺从并不要求任何人放弃他的个人野心，也不要求他放弃以自己的方式去过生活的权力。）

人们拒绝冒险做生意，因为他们害怕，如果他们的生意失败的话，将会招致批评。在这种情况下，他们对批评的恐惧比对成功的欲望更为强烈。

很多人拒绝为他们自己决定崇高的目标，或是不敢去为他们自己选择一个适当的行业，因为他们害怕亲戚朋友们可能会批评说：“不要把目标定得这么高，人们会以为你疯了。”

当卡内基建议希尔花上20年的时间去组织一套个人成就的哲学时，希尔的第一个想法就是担忧人们可能会怎么说。卡内基的这项建议为希尔定下了一个崇高的目标。希尔当时头脑快得就像闪电一样，开始去想出各种借口和理由，而这些借口和理由都可以归纳为对批评的恐惧。他内心中似乎有人在说：

你不能答应从事这项工作——这项工作太大了，需要花费很多的时间——你的亲戚们将对你产生什么想法呢？你自己怎么过活呢？没有人曾经组织过这样的一种成功哲学，你凭什么认为你一定可以办得到呢？毕竟，你自己算什么呢，竟然敢定下这么高的目标？记住，你的出身低微——你对哲学懂得什么呢？人们将会认为你疯了（他们后来真的这样想）。在此以前为什么没有其他人这样做呢？

这些以及其他的很多问题像闪电一样地进入希尔的脑海中，并始要求他加以注意。在那一瞬间，似乎整个世界突然都把注意力集中到他身上来了，目的是要讥笑他、批评他，要他放弃实施卡内基建设各种欲望。

希尔当时有一个很好的机会，可以除掉他接受这项建议的野心以免被它所控制。后来，在分析过几千个人之后，他发现，大多数的想法都已胎死腹中，需要经过立即行动的明确计划把生命的气息灌注到它们身上。培养一个念头的最好时间，就是在它刚诞生的时候。它每多生存一分钟，就多获得些更佳的生活方式。

认知原则的力量

要获得成效，坚持原则必须要靠另一个重要原则——认知原则，以及这个原则所产生的力量来加以支持。

什么是认知的原则？一个人心里给击败了，或给失败的情况压倒的时候，他就需要这种认知。他必须洞察出自己失败的心理原因，他不但要看出外在的因素，也需要看清内心的情况。他对自己必须有一种洞察力和了解——我是谁，我又是个什么样的人。他得明白并且培养出内心的力量，然后才能继续去寻求成功。

多数人之所以把自己的生活弄得一团糟，而没能成功，至少有部分原因是因为他们没能把内心的东西组织起来，他们对自己是谁、是什么样的人缺少认识。记住：“人是他自己最可怕的敌人。”有些人虽然有目标和理想，而且努力工作，但是仍然失败了；有人希望做些有创造性的事，偏偏无所表现。为什么？问题或许就出在他自己的内心。

其实，世界上最难了解的人就是我们自己。我们内心有保护自我的倾向，总是为我们的所作所为找出理由，要让不合理的也看来合理。很多人根本就不想认识自己，他们谈论别人和别人的问题，却躲避他们自己不愿意面对事实。而事实上，一个人成长过程中最重要的一个阶段，就是不再躲避自己，而决定要认识真正的自我。

人们失败通常不是因为他们不能处理外界的情况，而是内心的冲突击败了他们。你必须看出真正的自己，并且诚实地对待自己。这就是认知的原则，且是对自我的检视。站在镜子前，对自己说："现在我说啊，我要知道你的真相。"你的内心可能会说："嗯，你说得不错，不过不要小题大做了。"但是心智正常而健康的人，会认识到真正的认知自我才是自我发展的开始。

你也许会说："大家都说我有能力，但是我做的事却常出错。我的想法和反应出奇的糟，做了许多蠢事。"现在，你是否觉得豁然开朗，就好像站在乡村的黑夜里，突然出现了一道闪光，让你看清了整个蓝天。

你也在灵光一闪间看到了你的内心。你看到自己心智散乱，而这就是你常常失败的原因。你现在就要决定改正这一点。因此，你首先要做的是重振心智，把内心散乱的思绪整合起来。在以后几天里，你日益有了一种奇特而难以置信的和谐的感觉。当然，不可能每一件事都突然变得美好起来，但是却会越来越好，而且好得很多。

这种创造性的改变是因为你能够运用认知的原则。你仔细地检视内心，然后改正缺点，结果你得到了力量，推动你走向成功。

一个人运用了认知原则而开始认识到内在的潜力之后，力量会突增起来，发挥、扩展和实现这份潜能，则必能成功。这里所说的力量，是指一种新能力的感觉。但是在这种创造性力量能够发生作用之前，一个人不但要学习认识和相信自己，他还必须具有发挥这种力量的经验，以便他更加肯定自己。自此以后不论遭遇多么不利的情形，他都能继续坚持下去。

这种由认知、领悟而激发出来的坚持，会产生新的力量，成为通往成功的有效捷径，而不论成功途中有多少艰难险阻。

锻炼获得新生

锻炼并不是盲目地参加运动，而是需要25%的辛勤汗水加上75%的坚定决心。换成另一种阐述即：一份体能上的努力和消耗加上三份的内心自制。

万事开头难，只要你开始着手去做就会习惯成自然，养成了习惯就会做起来心情舒畅、乐在其中。

锻炼能使你比昨天更健康快乐。锻炼能增强你的体能，松弛你紧张的神经，还能使你拥有更坚韧的精神。只要你坚持有规律的运动锻炼。你的许多问题就能消失无踪或迎刃而解，你将获得更强的信心。

锻炼身体是对时间的聪明利用，也是一种绝妙明智的“投资”。

锻炼是人们预备好随时应付人生各种挑战的一种积极有效的方法，它能使你获得关键时刻必须具备的一切素质和机智的反应协调能力。

保罗每天都感到有气无力，他的健康情况差极了。每天他都起得很晚，却睡得很早，他也极少锻炼。

有一天，一个朋友说：“你应该试着早起并锻炼！”

他听从了朋友的劝告，每天早起，并进行锻炼，他的人生发生了巨大的变化，他变得精力充沛，他的同事和上司都感到惊奇。他的工作进行得非常顺利，原来八九个小时的工作，而现在仅用两三个小时就能完成了。这时候，他深切体会到了，这一切改变都是健康给他的，他懂得了健康的力量。

坚持锻炼是帮助你开启机会和成功之门的神奇钥匙。我们每个人的体内都蕴藏着非凡强大的力量。身体和精神的健康是将这种非凡力量从我们体内释放出来的“扳机”。

锻炼是人们获得新生的方式。当你完成一次富有成效的锻炼之后，通常你不仅仅会感到身体舒适、心情舒畅，而且对工作和生活充满更强的自信。

竞争是为了实现目标

竞争就是人们为了实现目标，充分利用自己智力、精力、物力、财力（或精神和物质）等各种实力，在特定环境下，与对方进行角斗的行为实施活动。

竞争是优者胜劣者败，并且具有极大的风险性，这是任何人也无法改变的客观法则。

首先，竞争是物质力量的角斗，是精神力量的搏战；不是你战胜我，就是我战胜你；不是你败在我手下，就是我败在你手下；竞争是你追我赶，是我搏你拼。

其次，面对成功的良好机会，竞争双方彼此当仁不让，没有任何心慈手软而言。否则，就会贻误战机，使竞争目标成为一文不值的一张白纸。

再次，随着商品经济的迅速发展，随着人们物质文化生活水平的提高，人们的需求欲望有增无减，社会竞争观念越来越强烈。

当今时代，社会竞争已经渗透到商品经济的各种场合、多个角落、各个领域，实施竞争行为的人，无论我们是否愿意，无论我们是否自觉，我们已经自愿不自愿、自觉不自觉地卷到社会竞争的大潮中来了，并且制约着我们的行为。

那么，我们应如何展开竞争呢？

（1）高尚的道德修养是竞争的基础

高尚的道德修养是竞争取胜的根本保证，没有高尚的道德修养，事业竞争必然要失败。事业竞争的主体应当长期不懈地培养高尚的道德修养，端正事业竞争的态度，正确认识竞争的意义，勇敢承担社会责任。事业竞争的所有行为，必须在法律道德所要求的规范内进行，竞争如果置法律道德于不顾，超越法律道德所要求的行为规范，我行我素，大搞阴谋诡计，钩心斗角，尔虞我诈，坑蒙拐骗，敲诈勒索，不惜采用一切手段，强制对方。整垮对方，不但达不到竞争的目的，而且还会遭到社会公德的谴责和法律的制裁。

在实现社会竞争实践中，只有具备高尚的道德修养，才能取得竞争的胜利，实现竞争目标，达到成功目的。

（2）实力是竞争取胜的条件

任何竞争活动，没有充足的实力，竞争就不会成功。竞争的实力包括精神、物质、智能、社交等方面。精神指竞争所需要的心理品质和体质精力，物质是指竞争所需要的物质经济基础，智能是竞争所需要的观察力、预见力、应变力、创造力、创新力等，社交是指竞争所需要的人际关系。

积蓄竞争实力，就是树立竞争必胜的自信心，坚定战胜对方的意志，强化锲而不舍的毅力，培养顽强拼搏的精神，锻炼优良的身体素质，为竞争获胜积蓄备用的精神力量。

积蓄竞争实力，就是聚集竞争的备用物质力量，为竞争获胜奠定物质基础。

积蓄竞争实力，就是培养对客观事物的观察能力、预见能力，掌握攻守的应变策略，开发和利用创新及创造能力，挖掘形象思维和逻辑思维能力，为竞争获胜创造备用的智能条件。

积蓄竞争实力，就是扩大交际面，广交朋友，建立良好的人际关系，为竞争获胜积累社交实力。

竞争是实力搏战，只有充分积蓄精神、物质、智能、社交等方面的实力，为竞争提供可靠的制胜条件，才能实现竞争的预定目标，获得竞争的最后胜利。

（3）制订竞争目标

既然参与竞争，就要有明确的竞争目标，竞争目标确立的高低程度，决定着竞争成败的程度。目标过高，超越了自己竞争的承受能力，就会惨遭失败；目标过低，不能充分发挥和利用自己竞争的实力，就不会取得较大的竞争成果。确立竞争目标，必须根据自己的实际和实有的精神、物质、智能、社交等实力，最大限度地做到既不超越自己的竞争实力，又能充分发挥和利用自己的竞争实力，确定出恰如其分的事业竞争目标。当然，这并不是一件容易的事情，但它也并不是无法实现的东西。只要正确了解自己和对方的竞争实力，掌握准确可靠的竞争信息，抓住有利的时机，充分发挥和利用自己的竞争实力，全面正确认识自己的优势，就可以确立切实可行的竞争目标。

在实施竞争行为以前，只有确立恰如其分的竞争成功目标，才能使竞争行为更加有效，获得竞争的成果，达到竞争成功的目的。

（4）竞争需要有进有退

如果在竞争过程中不能有进有退，那么，就会导致竞争的失败。竞争需要付出很大的实力代价，并且不能排除失败的可能性，具有极大的风险性。如果竞争没有攻守策略，那么事业竞争行为就会具有一定的盲目性和风险性，在很大程度上导致竞争的失败。竞争攻守策略可以防止和减少竞争行为的盲目性和风险性，促进自己尽快实现既定的竞争目标。

竞争攻守策略要求我们以敏锐的观察力，发现竞争的规律：以科学的预见力、预测竞争的未来；以独特的思考力，掌握竞争成功的方法；权衡利弊，审时度势；留有余地，做好多种准备；运筹帷幄之中，决胜千里之外；力争做到进可以攻，退可以守；不但要积极进攻，而且要主动防守，千万不可草率行事，盲目行动，不计后果，孤注一掷。

在社会竞争实践中，只有具备竞争的攻守策略，才能使事业竞争防患于未然，稳操胜券。

（5）积极参与竞争

任何一种社会竞争如果不实施具体的实践行动，就没有任何实际意义。社会竞争实践是获得事业竞争目标的源泉，只有投身于社会竞争实践，实施具体的社会竞争行为，才能有效发挥和利用自己的竞争实力，运用竞争方法，实现竞争目标，获得竞争成果，满足自己的需求。

社会竞争实践要求我们聚集精神力量，创造物质条件，遵守法律、公德，奠定智能基础，积蓄社交实力，确立竞争目标，制订竞争计划，选择竞争方案，采用竞争方法，使用竞争实力，实施竞争行为，积极主动、自觉地参加各项客观社会竞争实践活动，把各种竞争实力转化成客观的具体的实际竞争行动。

竞争目标确立以后，只有积极投身于客观的社会竞争实践中，才能实现既定的事业竞争目标，获得预期的竞争成果。没有社会竞争实践，就没有任何实际意义的社会竞争。

你的魅力需要展示

风度是人的个性外衣，是一个人外在魅力的表现，是人们对于美的形体、美的心灵、美的谈吐、美的装饰打扮、美的品德修养的一种肯定的审美尺度，是人的全部生活姿态所提供的给他人的“综合印象”。

那么如何在社交场合表现出自己的翩翩风度呢？

（1）脱俗的审美观

脱俗的审美观是在社交场合展现独特风姿的首要前提。可见脱俗的审美观是十分重要的，而一个人脱俗审美观的形成是各种知识综合作用、良好情趣交互作用的结果。

脱俗的审美观是内在的，它支撑着外在的、感情的风度。

（2）恰当规范性的语言表达

在社交场合因环境不同而要求不同的语言表达。在较轻松的场合，要能用幽默、风趣、生动、明快的语言表达你的心情；在较严肃的场合要注意语言抑扬顿挫、凝重简洁，语句的整体对仗。如果不分场合，语言运用不当，引起周围人们反感厌恶，哪有风度可言？为了吸引众人，还应巧设悬念，注意对比、渲染等技巧的应用。

（3）得体的辅助语言

尽管你的语言中包含有无限风趣、无限热情、无限睿智，如果没有音调、音量的变换，那也不会引起人们的注意。如果没有面部表情的变化，举手投足的动作，干净利落的身体摆动与规范语言表达的协调，如果没有眼睛的信息传递，那无疑使社交像面对一台收音机。谁可想象，面沉似水的人说出话后，听众的反应会是什么样呢？

（4）适宜的服装穿着

在轻松欢快的场合尽量穿色调明快的服装；在严肃的场合，尽量穿色调凝重肃穆的服装。再者，服装的色调要讲究对比，突出层次，这样容易引起人们的注目。

（5）良好的行为习惯

良好的行为习惯直接影响人的风度。要想真正具有高雅风度，必须注意培养自己良好的言谈、举止习惯。

好的语言习惯特点是：说话和气、文雅、谦逊、幽默。

好的行为习惯特点是：站立时身直、挺拔，具有稳定感；行走时从容不迫、快慢自然、矫健轻快；坐下时双腿稍稍并拢，轻松自然。

创意可以创造奇迹

创新主宰的21世纪，为世界带来财富，为人类带来惊喜。创意是具有魔力的创新思维，是点石成金的智慧升华，更是今天打造辉煌、创造财富的资本和源泉。

新世界是创意的舞台，新经济是创意的杰作，新世纪是创意的宠儿，新财富是创意的奉献。创意生财，创意致富，创意可以创造奇迹。谋财缺乏创意，致富就是个幻想。人类失去创意，世界将会无法想象。

何为创意？创意是开拓认识新领域的思维活动，就是在已有经验的基础上，有创见性地提出新点子，寻求新答案。

任何创意都是打破常规、打破传统观念的束缚的成果。爱因斯坦建立相对论、哈默的“点石成金术”、松下的经营管理战略、包玉刚的“傻子赚钱法”，这些都是在打破常规的基础上经过联想、假设、实验等过程创造发明出来的。世界是物质的，事物的发展是辩证的，深奥的哲理往往就存在于最简单的事物之中。创意的基本特征就是：突破传统观念，用辩证的、联系的思维方式去联想、假设、创造，以求找到新的方法和新的意境。

在整个人类社会中，大到全球战略，小到产品开发，无一不是先产生出新的构思、新的计划，然后才有了新的发现、新的创造。

所以，罗曼·罗兰说：“创意是历史进化中永远有效的契机”。也有人说：一条创意可以打赢一场战争，一条创意可以挽救一个民族，一条创意可以救活一个企业，一条创意可以改变一个人的人生，一条创意可以创造一个奇迹，一条创意可以……

那么我们应该如何培养和提高我们的创意呢？

拿一张白纸出来，在中间写上你要思考的主题，圈起来，然后放轻松。把心里闪过的任何点子（不要刻意去想，让它自然产生），画到从集图上，把每个点子圈起来，再把相关的圈圈连在一起。

（1）看看坏的艺术作品。如果你不知道好的艺术作品究竟好在哪儿，这些坏的艺术作品常常会给你提供一些线索。

（2）读些参考书。每天在睡觉前看看科普读物，是增加你的一般知识的有效方法。

（3）经常光顾工艺品商店。从日新月异的文具、五金百货等造型上你也许会突然获得灵感或得到某些启示。

（4）找一篇你从未读过的短篇小说，读完第一段，然后试着自己接下去把小说写完。

（5）重新安排你的日常生活。把那些原来不相连的事物安排在一起，你往往会发现一些新的、有趣的组合。

（6）抬头看看你每天经过的那些建筑物。

（7）创造一门自己的课程。

（8）少睡觉，多躺着思考。静静地躺着是非常养神的，在这些大脑平静的时刻，你的潜意识的创造性思维将会异常活跃。

学会与危机共存

你也许会这样想："我已经58岁了，丈夫已经去世，儿女都不管我，转眼就要变成老太婆了，还有谁会需要我？我腰酸背痛。所谓创造的人生是些什么？我需要设定一些什么目标？"

或者，你也许会自言自语："我今年28岁，应该想到为我的一生做些什么，一个人总应该尽力而为——但生活是一种老鼠竞赛，随时会有人'投毒'，试问，你又何必去自寻烦恼？"

你这种消极的想法实在太普遍了。

"但这些都是事实，"你也许会说，"无法否定。"

你要否定这种想法：它们并非事实。

58岁的女士可能有着欠缺和困难——这是事实——但她也有许多生活的机会：她有朋友可以结交；有爱好可以充实她的生活；有大大小小的事情可做；可以想想为她的世界和人生做些什么。

28岁的男子对危机想得太多了。显而易见的，这个世界的确有不少危机，但因此否定人生，这又有何道理？

有些人谈到这些，好像只有这个时代才有危机。

这是无稽之谈。

200多年前，美国人曾跟危险的荒野战斗，还有凶猛的野生动物、好战的土人、无法治疗的疾病。

100多年前，美国南方与北方的人互相残杀，横尸遍野，那时并无原子武器。

60多年前，第一次世界大战血染欧洲大陆——污染了人心，那时的人无法逃避现状的牢笼。

40多年之前，发生经济大萧条，压碎了数百万人的雄心壮志：在它的致命打击下，许多人曾经一时束手无策。

即使在30年前，人类都曾经遭遇严重的疾病，致命的疾病如今已可治愈。

实实在在的说，自古以来时时都有危机，人类必须学习与危机共存，对付危机，不因危机而放弃人生的乐趣。

你的年代，尽管有着可能的不幸和危险，但仍然可成为多彩多姿的岁月。

只要你相信你的年代可以成为多彩多姿的岁月，你就可以办到。

把厄运变机会

有关“噩运”的观念，只会压垮你的创造本能。

再说，这种观念也是虚妄不实的。因此，只要你认为你的“运气”不佳，你就可以改变你的“运气”。

韩丁通15岁时到纽约闯天下，结果成了一位百万富翁。

史丹福28岁时，一场火灾毁了他的法学书籍及其他财产。他跑到西部去打天下，结果也成了美国的首富之一。

这并不是说金钱就是一切——当然不是——但有钱不仅无损害，而且往往可以证明人们具有冲向目标的热力。

运气多半在你自己手里，人人都曾有过运气不佳的时候；人人都曾受过挫折。但有些人是自讨失败；有些人则抖掉“噩运”，踏上成功之路。一般而言，只要意志坚强，皇天就不会辜负苦心人，总有打破僵局，获得成功的时候。

有些人甚至化险为夷，把噩运变成有利的机会。

伟大的短篇小说作家欧·亨利，在被控挪用公款之前，只是一个籍籍无名的小人物。不过，虽然他否认被控之事，却被判坐了3年的监牢。

他在坐牢期间开始写作短篇小说，结果使他名扬天下，转祸为福。

欧·亨利把坐牢的时间做了适当地运用；如果是别人，也许只诅咒法律不公，担心人们对他会有不利的想法，或一味地埋怨他的运气太坏，而浪费了大好时光。

数年前，有一个人在电视上现身说法，报告他如何绝望而自杀，结果自杀未遂，却把自己的眼睛弄瞎了。经过这一件凄惨的事件之后，他恢复了理智，最后并得到了几个学位，成为作家兼讲师，成绩非常可喜。若是另一个人，也许只会诅咒那个使他自杀未遂或造成严重残废的事实，以悲叹自己的命运而虚度一生。

当你发觉在抱怨自己的“不幸”时，不妨想想这些故事。你必须击退这种“运气不佳”的想法，就像你必须击退来侵的敌军一样——因为，你面对的正是这种死敌。

改变你的“运气”的积极方法，是不去理会或远离你的消极情绪，而把精神专注于过去成功的信念上。然后，你运用这种信念，朝你目前的目标挺进。

你可以这样想：“没有人能够忘掉自己的失败。”但你能够。

当你向目标挺进时，你越能把精神集中在过去的成功上，越能感到内心的自信。

你可以用这种方法改变你的“运气”。

再说一句：你的心是一个战场，你必须在你的心中打赢你的战争。

成功属于坚持的人

马丁起初是一位很普通的演员，他其貌不扬，嗓音平淡，看过他表演的人都说他不可能在演艺圈里取得大的发展。然而，从他出道的那一天起，他就暗自决定扮演一个前人还没有扮演过的角色——马辛杰戏剧的吉列斯·欧费里奇爵士。他失败了一次又一次，但他选择了坚持。最终，他扮演的这个角色获得了广大观众的高度认可，他本人也获得了极高的荣誉。

失败属于每一个人，但成功只属于坚持的人。那些成功的人之所以能够成功，是由于他们坚忍不拔的毅力，更重要的是他们能够把失败化作无形的动力，从而最终反败为胜。

如果我们仔细审视历史上那些立大功、成大业的人物，就会发现他们都有一个共同的特点：不轻易为“拒绝”所打败而退却，不达到他们的理想、目标、心愿，决不罢休。华德·迪斯尼为了实现建立“地球上欢乐之地”的美梦，四处向银行融资，可是却被拒绝了 302 次之多，因为每家银行都认为他的想法怪异。现在，每年有上百万游客享受到前所未有的“迪斯尼欢乐”，这全都源于他一个人的决心。

一个大学篮球教练，他执教一个很差的、刚刚连输了 10 场比赛的球队。这位教练给队员灌输的观念是：“过去不等于未来”，“没有失败，只有暂时停止成功”，“过去的失败不算什么，这次是全新的开始”。在第 11 场比赛打到中场时，他们又落后了 30 分，休息室每个球员都垂头丧气。教练问球员：“你们要放弃吗？”球员嘴巴讲不要放弃，可肢体动作表明已经承认失败了。教练又说：“各位，假如今天是篮球之神迈克尔·乔丹在场，他会放弃吗？”球员道：“他不会放弃！”教练又道：“假如今天是拳王阿里被打得鼻青脸肿，但在钟声还没有响起、比赛还没有结束的情况下，他会不会选择放弃？”球员答道：“不会！”“假如发明电灯的爱迪生，来打篮球，他遇到这种状况，会不会放弃？”球员回答：“不会！”教练问他们第四个问题：“米勒会不会放弃？”这时全场非常安静，有人举手问：“米勒是谁，怎么连听都没听说过？”教练带着一个淡淡的微笑道：“这个问题问得非常好，因为米勒以前在比赛的时候选择了放弃，所以你从来就没有听说过他的名字！”

只要你不放弃，你就有机会成功，但如果放弃，你肯定是不会成功的。这就是成功的秘诀。所以，你唯一的失败就是选择了放弃，因为“成功者永不放弃，放弃者绝不成功”。

第四章　好人生需要养成好习惯

试着用温和代替愤怒

不会生气的人是笨蛋，而不去生气的人才是聪明人。

罗纳先生住在瑞典的艾普苏那。他在维也纳时，曾当了很多年律师，但是在第二次世界大战期间，他逃到瑞典，一文不名，很需要找份工作。因为他能熟练掌握好几国的语言文字，所以希望能够在一家进出口公司里找一份秘书工作。他发出很多应聘信，但绝大多数公司都回信告诉他，因为正在打仗，他们不需要这一类的人，不过他们会把他的名字存在档案里，等等。但是，一家公司在写给罗纳的信上说：“你对我公司生意的了解完全错误，我根本不需要任何替我写信的秘书，即使我需要也不会请你，因为你连瑞典文也写不好，信里全是错字。”

当罗纳看到这封信的时候，简直气得发疯。于是罗纳也写了一封信，目的是想对那个人大发脾气，但接着他就停下来对自己说：“等一等，我怎么知道这个人说的是不是对的？我学过瑞典文，可是这并不是我家乡的语言，也许我确实犯了很多我并不知道的错误。如果是那样的话，那么我要想得到一份工作，就必须再努力地学习。这个人可能帮了我一个大忙，虽然他本意并非如此。他用这种难听的话来表达他的意见，并不表示他一定是错的，所以应该写封信给他，在信上感谢他一番。”

罗纳撕掉了他刚刚写好的那封骂人的信，另外写了一封信说：“你这样不嫌麻烦地写给我实在是太好了，尤其是你并不需要一个替你写信的秘书。对于我把贵公司的业务弄错的事我觉得非常抱歉。我之所以写信给你，是因为别人把你介绍给我，说你是这一行的领导人物。我并不知道我的信上有很多语法上的错误，我觉得很惭愧，也很难过。我现在打算再努力地去学习瑞典文，以改正我的错误，谢谢你帮助我走上改进之路。”

不到几天，罗纳就收到了那个人的信，请罗纳去找他，并因此得到了一份工作。罗纳由此发现，“温和的回答能带来好运。”罗纳放弃了生气，放弃了狭隘，取而代之的是温和，最终获得了工作。真的，试着做一个温和的人，试着用温和的回答来代替愤怒，你会有另一番收获。

生气只能使自己失去理智，不能作出正确的判断。保持温和，你一定能从温和中受益很多。

在成功人士的眼中，任何委屈都不足以让人心灰意冷，相反更加能鼓舞士气，激发起一定要做成事情的欲望。

在成大事的过程中，一个人难免会有受委屈的时候，而如何以柔克刚，尽显本色，则是值得我们学习的。青年人是否可以成就一番事业，也看你在这样的时候是否以一种良好的习惯来控制自己，是否能够以柔克刚。

能忍一时的委屈，才会有将来的成功。

做人要懂得以退为进之道，因为以退为进不但不会减缓成功的脚步，反而还会给它增加动力。忍人所不能忍，这需要勇气和毅力，需要青年人拥有良好的宽容与忍让的习惯和作风，同时，更需要一种成事者的大家风范。青年人要成大事，这种习惯和作风是必不可少的，唯有如此，才会在关键时刻显出英雄本色，才能赢得人心，从而成就一番事业。

水滴石穿

这种拒绝放弃的态度就是“坚持”的原则。不过悲哀的是，在这个软弱妥协的时代，我们已经很少听到“坚持”这两个字了。但是历史上曾经有很多坚强的人，在过去“坚持”的重要性深深地注入年轻人的意识里，他们受的教导是要去好好拼搏一场，永远不让任何人把自己摔倒；如果倒了，就应该马上站起来，再去攻击，猛力攻击，不论任何情形都要继续下去。现在，任何人如果想要成功，这两个字仍然是基本原则。如果不尽力地运用这个“坚持”的原则，你的一生就不可能有什么创造性的成就。

世界上的思想家，那些深明事理的人，都常常以不同的方式来说明坚持的重要性。穆罕默德曾说：“真主与坚持的人在一起。”看来穆罕默德深深了解坚持的重要。莎士比亚也曾说：“水能穿石。”石头是很硬很硬的东西，但是小水滴不断地滴在石头上，终究可以穿透石头。比莎士比亚早17个世纪之前，就已经有了这恒久睿智的说法，罗马哲学家和诗人留克利希阿斯曾说过同样的话：“水滴石穿”。

18世纪英国的大政治家艾蒙德·柏克提供了一个建议，他也相信“坚持”原则的力量。他说：“永远不要绝望。就是绝望了，也要在绝望中努力”。

再引述一位叫威廉·席克生说得极为有力的话：“如果你第一次没有成功，那就要尝试再尝试，努力再努力。”再加上一句话：“你认为你行，你就行。”你使得你相信你行。这种贯彻到底的坚毅，最后必然会得到成果，只要你运用内心的驱策力，坚持不懈地去实行。

给思考留一定时间

最早完成原子核裂变实验的英国著名物理学家卢瑟福，有一天晚上走进实验室，当时已经很晚了，见他的一个学生仍俯在工作台上，便问道：“这么晚了，你还在干什么呢?”

学生回答说：“我在工作。”

“那你白天干什么呢?”

“我也工作。”

“那么你早上也在工作吗?”

“是的，教授，早上我也工作。”

于是，卢瑟福提出了一个问题：“那么这样一来，你用什么时间思考呢?”

这个问题提得真好！

拉开历史的帷幕就会发现，古今中外凡是有重大成就的人，在其攀登科学高峰的征途中，都是给思考留有一定的时间。据说爱因斯坦狭义相对论的建立，经过了“十年的沉思”。他说：“学习知识要善于思考、思考、再思考，我就是靠这个学习方法成为科学家的。”

达尔文说：“我耐心地回想或思考任何悬而未决的问题，甚至连费数年亦在所不惜。”

牛顿说：“思索，继续不断地思索，以待天曙，渐渐地见得光明，如果说我对世界有些微小贡献的话，那不是由于别的，却只是由于我的辛勤耐久的思索所致。”他还说：“我的成功应当归功于精心的思索。”

这些著名人物的至理名言，都道出一个深刻的道理：独立思考是一个人成功的最重要、最基本的心理品质。要提高你的创造能力，一定要培养自己独立思考、刻苦钻研的良好习惯，千万不要人云亦云，读死书，死读书。

20 世纪 50 年代中期，李嘉诚创办了“长江塑胶厂”，生产塑料玩具，结果市场饱和，工厂面临倒闭。当他偶然翻阅一份报纸时，发现一则信息说意大利一家工厂将制作塑料花向欧洲销售，他眼前一亮，联想到二战以来欧美生活水平虽有所提高，但经济上却还没有实力种植草皮和鲜花，而塑料花必将是一种过渡的替代品，必能深入到千家万户，因此果断决定，企业转产。几年以后，李嘉诚成为香港大富翁之一。

信息爆炸时代，各种信息有真有假，各种知识有对有错，所以，我们要认真分析，积极思考，从而找出正确的答案和方法，然后进行决策。

培养读书的好习惯

有一位出租车司机告诉我，他有两个孩子，都考上了重点大学，而且品学兼优。我问他是怎么教育子女的，他说：“很简单，只要你培养他们阅读和思考的习惯就行了。”他每天一定会抽出点时间陪孩子们读书，孩子做功课，大人则读一些杂志或新买来的书籍。除了新闻和特别挑选的节目外，他们基本不看什么电视，因为他觉得看电视实在浪费太多时间，他说：“有时我会念一段好文章给孩子听，虽然我的文化水平不高，但就我力所能及的范围选读一些趣味盎然的小品，或是动人的励志小故事，或是有益于身心健康的报道。我们家的小客厅里常有读书声，也经常保持宁静的专注气氛。当然有时我们也会有讨论某一问题的激烈争论，等孩子们慢慢长大了，我们知道的反而比他们少了。孩子变成了我的老师，他们会经常买书送给我。现在，他们都上了大学，住到学校宿舍里去了，我还是在餐桌上看一些书。虽然书桌旧了，但读的书却永远是新的。”

我听了他的话，不禁对这位司机朋友肃然起敬，对他的想法和做法表示佩服。他读了很多书，包括如何教育孩子的书、金庸的小说，也有畅销书，他还定期看杂志，读报上的文章。“我家就像个小型图书馆，客厅里摆的不是烟酒。”坐在出租车的后座里，看着这位五十出头的司机朋友，面带仁慈，其谈吐和分析让我佩服，直到现在印象还是那样清晰难忘。

书确实是一个好东西。一个没有书籍、杂志、报纸的家庭，就等于一所没有窗户的房屋，小孩子常常接触书本，则他们会产生对书籍浓厚的兴趣，就会于不知不觉中，学会书中的许多知识。时至今日，简直每个家庭，都不可无书籍。

我认识一位大学教师，讲起文学来从古代到现代侃侃而谈，不仅条理清晰，字字珠玑，而在学术上见解很深，颇有见地。后来，才知道他只有初中文凭，问起他何以能在学士、硕士毕业生出身的教师堆里独占鳌头时，他憨实地说，靠的就是读书。三十多年来，他带着教学中的问题去找各种各样的资料阅读，又把读书的心得用于教书，并把自己读书的思路和方法教给学生，鼓励学生自己去感知、去领悟、读读教教，教学互长就是他成功的奥秘。

“含蓄”的真诚

为人处世真诚和坦率是必要的，但是，千万不能为了“真诚”而伤害别人。

许多人以为有什么说什么便是真诚，可是常常物极必反，有时候人并不喜欢真实，直筒子的人还是应该多体会体会“含蓄”的艺术，应该避免说话生硬。

舞蹈家邓肯是19世纪最富传奇色彩的女性，热情浪漫外加叛逆的个性，使她成为反对传统婚姻和传统舞蹈的前卫人物。她小时候更是纯真，常坦率得令人发窘。

圣诞节，学校举行庆祝大会，老师一边分糖果、蛋糕，一边说着："看啊，小朋友们，圣诞老公公替你们带来了什么礼物?"

邓肯马上站起来，严肃地说："世界上根本没有圣诞老公公。"

老师虽然很生气，但还是压住心中的怒火，改口说："相信圣诞老公公的乖女孩才能得到糖果。"

"我才不稀罕糖果。"邓肯回答。

老师勃然大怒，处罚邓肯坐到前面的地板上。

邓肯的回答没有错，但是，真诚并不是对人有什么说什么。

人无论处在何种地位，也无论是在哪种情况下，都喜欢听好话，喜欢受到别人的赞扬。的确，做工作很辛苦，能力虽然有大有小，毕竟是尽了自己的一份力量，当然希望自己的努力得到他人和社会的承认，这也是人之常情。

会为人处世的人，此时必然避其锋芒，即使觉得他干得不好，也不会直言相对。生性油滑、善于见风使舵的人，则会阿谀奉承，拍拍马屁。

那些忠直的人，此时也许要实话实说，这就让人觉得你太过莽直，锋芒毕露了。有锋芒也有魄力，在特定的场合显示一下自己的锋芒，是很有必要的，但是如果太过，不仅会刺伤别人，也会损伤自己。

现在，就让我为大家介绍一下表现真诚的技巧，在日常生活中，它是如何运用的：

（1）表达看法或建议、要求时，话讲得慢一些，容易给人诚实的印象。如果说话很快，则易让人产生轻浮的印象。

（2）有十足理由的观点或要求时，若能以轻声的口气说，就会较容易让人相信和接受。

（3）与人交谈的时候，上半身往前倾斜，可表现出你对交谈者和所谈的事的强烈关心。

（4）"随时随地听您的吩咐"这句话可使对方感觉到你的诚意。

（5）认真时，有认真的表情，可笑时，则尽量去笑，会给人感觉良好的印象。

（6）与客人或朋友同事握手，一定得比常规距离更近一些，能表示你的友好和热情。

（7）不论是交际或私情，工作之余，凡是和上司一起相处在开放式的情绪中，翌日早晨都应该规规矩矩地上班，而且要比上司更早开始工作。因为这种做法可让上司知道自己是个公私分明、把握原则的人，因而加强了对你的信赖感。

（8）恪守在谈笑间所订的诺言，可增加对方认为你是很诚实的印象。

（9）以手势配合讲话，比较容易把自己的热情传达给对方。

自我约束是一切的根本

生活上和事业上的成功往往在很大的程度上依赖于控制情绪和严格的自我约束。

自我约束，就是人们自觉地克制自己不符合社会道德要求的种种欲望，努力使自己的行为获得社会道德的认可。对于成功人士来说，这是决不能缺少的素质。因为没有这种素质的人，必定受到社会公众的谴责和抵制，在这种情况下，还能谈得上所谓的成功吗？

自我约束是人类与动物的根本区别之所在。事实上，不能进行自我控制，人就不会成为真正的人。

自我约束是一切美德的根本。如果一个人任由冲动和激情支配，那么，从那一刻起，他就会随波逐流，成为追赶强烈欲望的奴隶。

人类之所以能抵制本能的冲动，就是因为人类具有良好的自我控制能力。正是这种自我控制能力才真正区分了物质生活和道德生活，也正是这种自我控制能力构成了品格的主要基础。

意志坚强的人，能自觉地对其思想、言论和行为施加有效的控制。时时检点自己的行为，时刻注意净化自己的心灵，你就会日渐成为一个高尚的、有道德的、懂得自我节制的人。

认真严格的训练能够培养良好的自我约束习惯。很多自律都能通过系统的训练形成，这真是令人惊奇的事。例如，即使那些看起来最没有希望的人，只要给予他们严格的训练，他们也可以成为勇敢、坚强和富于自我牺牲精神的人。又如，在战场上，或者甚至在航海时非常危急的关头，那些训练有素的人，往往能临危不乱，往往能在此危急关头向世人展示其真正勇敢和英雄的品质。

对于自制来说，很重要的一个方面就是不能放纵自己的欲望。为了寻求当下的满足，而以牺牲未来为代价，这会对你的事业造成无法弥补的损害。

我们所说的自制，并不是要排斥日常生活中的幸福快乐。然而，只是贪图眼前的享受，丝毫不计它对你的目标可能造成的损害，这却是不足取的。自制的人能够看到现在的行动和将来的结果之间的联系，他会为了将来而牺牲眼前，约束自己。

要做到自制，关键的一点就是多考虑行动的后果，要让眼前的行动和长远的利益一致起来，妥善处理两者关系。一个自制力强的人，他的行动并不是听任欲望支配的，他有自己的信念、价值、目标和对未来的憧憬，这些才是他判断行动与否的准则。

培养好习惯

习惯对于人的成功发展至关重要，不管好的习惯与坏的习惯都可能影响一个人的一生。有人说：养成好习惯较难，而陷入坏习惯很容易！其实并非如此，主要还是看一个人毅力而定。事实上，就习惯而言，并没有合适的推论来说明，养成好习惯要比养成坏习惯难。如：一个人动作敏捷或缓慢只是习惯问题。一个人不是养成准时的好习惯，就是养成迟到的坏习惯。

（1）守时的习惯

在日常生活中，培养守时的习惯非常重要，如人家请你吃饭，那么迟到的话，会使主人和其他受邀的客人不愉快。因此，你很快地就会变得不受欢迎，以后人家就不再请你吃饭了。

恪守时间可以增强一个人的个人魅力与价值。常言说：“时间就是金钱”，这话永远都是正确的，现在这个时代尤其比以往更重要。现代各种事业的发展速度加快，而且情况千变万化，时间是分秒必争，大多数人的工作日程都是排得满满的，因为他们负担不起时间的浪费，就像负担不起手术台上的耽搁一样。

一个人说他什么时候要到某地方而准时到达的话，不但给人一个极好的印象，而且他还替自己或他的单位赢得了信誉。

“敏捷守信”对成就事业的人来说，非常重要。最可能成功的商人和公司，他们必定准时接受订单、交货、提供服务、付款、还债以及其他事项。假如等得时间长了，所订的货还没送来，顾客下次可能就到别的地方订货了。

（2）节俭的习惯

节俭是一种美德，也是一种可以养成的习惯，而它可以说是能使任何事业成功的因素。“勿以善小而不为”。节俭也是一样，不论大小。

一旦事业开始，对天性节俭的人而言，其成功机会较才华相同者要多。而习惯节俭的人，他知道只有减少开支和成本才有赚钱机会。在今天高度竞争的社会大潮中，即使在小东西方面去节俭，聚少成多，价值也是很可观的，甚至是决定你的生意赚钱赔钱的。

除此之外，对一个有节俭习惯的人而言，他似乎永远有一笔积蓄，以防不时之需，必要时能使他渡过难关，或使他有扩张和改进的机会，而不必去借钱。

（3）心情轻松的习惯

任何一个想要在事业发展中迅速成功的人，必须要养成轻松的心情。凡是成功的人通常都是能放松自己心情的人，甚至在碰到逆境的时候。他的脑筋必须保持能感受、能反应状态，随时准备好捕捉和发掘新机会，以及了解和对付新的问题。

成功者那种心境轻松的情形，就像一个够格的橄榄球员一样，当球员传球的时候，假如球意外地落到他的手中，他并不胆怯或惊慌。而成功者也是一样，对突发的新情况，并不会使他手忙脚乱。他能灵敏地反应，他有办法掌握或对付情况，他会紧抱着球跑过去，也会警觉而放松地转个方向，以免对手扑过来。

有些刚开始发展事业的人，就已具备这种轻松的内在能力，但是大多数人，经过多次经验，才能养成这种习惯。

保持冷静的头脑

当你面临困难的时候，最需要的是一直保持头脑的冷静和平静，以便能够控制，然后它才能有效地发挥功用。当然，要做到这一点，往往是不容易的。但是为了对付你的困难，培养出一个哲学家的品质是非常重要的。要平静，要思考，事情来了就加以处理。你要信赖这项使你平静的知识，就是你能够主宰任何可能发生事情的能力。

当布鲁克林道奇国家联盟棒球俱乐部，在布鲁克林的旧艾贝兹球场打球的时候，有一位球员是一个很有力气的打击手，平均打击率是三成，这在目前和以前都是挺不错的。

这位强力的打击手，在第二局上场打击，不光彩地被三振出局。可他一点都不在乎："你知道，根据我的平均打击率，在这一季里，我大概会被三振出局 90 次，而我总是以这个平均率为安慰。这个平均率是一个伟大的安慰剂。因此，今天比赛以后，我走进俱乐部，对大家说：'你们知道吧！不是太棒了吗？在这一季，我只剩下 85 次被三振出局了！'"

你可以合理地说，这就是对付困难的一种轻松而具有哲学味道的态度。

大部分的困难，当我们去处理的时候，会得到什么效果，跟我们放松的程度成正比。再强调一次：在对付问题的时候，头脑的冷静最重要。

一个紧张不安的人，不可能顺畅地发挥他的特点，而唯有在他的特点发挥出来以后，他的想法才能有效地紧紧掌握住困难。当头脑因惊慌和忧虑而受到扰乱的时候，不妨就像那位以平均率来安慰自己的棒球打击手那样，用一种冷静而具有哲学味道的态度，发挥思考的力量。

以下是 9 项对付困难的原则，对你个人会有莫大的帮助：

（1）不要惊慌，保持冷静，运用你的头脑思考。

（2）绝不可以被震慑住，绝不可夸张困难。肯定而自信地对自己说："我能够对付它"。

（3）练习"澄清"。要做到这点，把困难的各部分写在纸上，而在脑子中把每个部分划分清楚。

（4）不要放弃。以你目前的情况去处理问题。

（5）寻找解决的办法，不是为了整个问题，而是为了下一步。

（6）练习有创意的聆听。平静下来，使你的头脑产生洞察力。

（7）总是问该做什么对的事情，因为错的绝不会变成对的。

（8）继续思考，继续相信，继续努力。

（9）继续有效地运用积极思想。

勤加练习，你就能够培养出一种有效而坚定的态度去对付困难的能力。

建议你把这些原则写在一张小得能够装在口袋里的卡片上。每天读上几遍。直到它们成为你智慧的一部分。

另一个迎接和克服困难的可行而有效的方法，就是去承担别人的问题。你处理两项困难——你自己和别人的——常常会比只处理你自己一个人的困难，有更好的表现。

你认为你行，你就行

汤姆·邓普西就是一个好例子。他在几年前的橄榄球比赛中，一脚踢出令人难以相信的63码远，得分，轰动了运动界。

汤姆生下来的时候就只有半只右脚和一只畸形的右手。他父母真了不起，他们从来不让他意识到因为自己的缺陷而感到不安。结果是任何男孩能做的事他也都能做，如果童子军团行军十里，汤姆也同样走完十里。为什么不能呢？他没有什么比人差劲的地方，任何孩子做什么，他也都一样可以做到。

后来他要踢橄榄球，而最重要的是，他有要在某一方面出人头地的欲望。他发现，他能把球踢得比任何在一起玩的男孩子远。为了充分发挥这种能力，他要人为他专门设计一只鞋子。他从来不认为自己的半只右脚和畸形的右手有什么不妥当，因此他参加踢球测验，并且得到了冲锋队的一份合约。

但是教练却尽量婉转地告诉他，说他“不具有做职业橄榄球员的条件”，促请他去试试其他的事业。最后他申请加入新奥尔良圣徒球队，并且请求给他一次机会。教练虽然心存怀疑，但是看到这个男孩这么自信，对他有了好感，因此就收了他。

两个星期之后，教练对他的好感更深，因为他在一次友谊赛中踢出55码远得分。这种情形使他获得了专为圣徒队踢球的工作，而且在那一季中为他的一队踢得了99分。

然后到了最伟大的时刻。球场上坐满了六万六千名球迷。

球是在28码线上，比赛只剩下了几秒钟，球队把球推进到45码线上，但是根本就可以说没有时间了。“邓普西，进场踢球。”教练大声说。

当汤姆进场的时候，他知道他的一队距离得分线有55码远，这也等于是说他要踢9码远。在正式比赛中踢得最远的记录是55码，由巴第摩尔雄马队毕将·瑞奇查踢出来的。

球传接得很好，邓普西一脚全力正踢在球身上，球笔直地前进。但是踢得够远吗？六万六千位球迷屏气观看，然后其终端得分线上的裁判举起了双手，表示得了3分，球在球门横杆之上几寸的地方越过，汤姆一队以19比17获胜。球迷狂欢呼叫，为踢得最远的一球而兴奋，这是由只有半只脚和一只畸形的手的球员踢出来的！

“真是难以相信。”有人大声叫，但是邓普西只是微笑。他想起他的父母，他们一直告诉他的是他能做什么，而不是他不能做什么。他之所以创造出这么了不起的记录，正如他自己说的：“他们从来没有告诉我有什么不能的。”

永远不要告诉你自己你不能做这个，不能做那个，永远不要消极地认定那是不可能的。你要告诉自己你能。首先你要认为你能，再去尝试，再尝试，最后你就会发现你确实能。记得鸡和鹰的故事吗？你要做一只鹰，因为你本来就是一只鹰。

你或许会认为我们把“你认为你行，你就行”这个观念强调得太过分了，世界上有些事根本就是不可能的。根据经验，自我激励不够的人总是会给自己找借口，好像在困难中唯一能说的就是“不可能”这三个字。

“你认为你行，你就行”这个原则，就在极为痛苦、难以置信的困难中也是正确而该遵行的。例如，在1971年2月22日，约翰·麦雅西在圣路易市70号州际公路上以每小时70里的速度开车前进，因为打瞌睡，他的车子突然倾向公路的中央，滚翻了过去，车顶凹陷了进去。根据佐尔·罗生医生所说的话，在那悲剧的一刻，约翰·麦雅西受到了人所能够承受的最严重的伤，但是他仍然能够活下去。

麦雅西先生从胸部以下都瘫痪了，双手也几乎不能动弹。他永远得坐在轮椅里，全身大部分都失去知觉。

《芝加哥每日新闻》的商务和金融版编辑狄克·葛瑞芬写了麦雅西的故事，刊载在1973年6月30日的《国家观察报》上，描写这位过去充满了活力的人的心路历程。他经历了消沉、恐惧，陷于自卑自怜，但是他却终于在内心里找到了勇气和决心，而从失望的低谷爬上胜利的顶峰。葛瑞芬先生指出，在1971年10月29日，也就是车祸之后35个星期零5天，约翰·麦雅西又回去担任《华尔街日报》中西部的经理。从保守观点来看，麦雅西已经是完全失去了能力，但是他还能够承担重要的责任。

世界上总有消极的人，急切地要从“你认为你行你就行”这个积极的理论中除名，他们不断地强调“不能”；他们“不能”在生活中找到机会，他们“不能”脱离贫穷，他们“不能”恢复体能。很不幸的是，有些人就会听这些只知道抱怨的人的话，而自限在“我不能，我不行”的观念里，他们一定会因为世界上怎么那么多的是像约翰·麦雅西这一类的人而深感迷惘。麦雅西这一类的人知道“你认为你行，你就行”，结果克服了最可怕的状况。

你是什么样的人

在你十几二十岁的时候，你也许会听人说，你很不幸。消极的人也许会对你说，自动化的机械将不许你在工作上有所创造，在这个不许有个性发展的时代，身为一个青年是极为不幸的事情。你也许会以一种态度——绝望——去面对人生。

在你的中年时期，你也许会听人这么说：“这个世界实在太复杂了，这个时代搁在个人肩头的要求实在太重了。”因此，你也许会以一种态度——消极——去面对他人。

当你到了晚年的时候，你也许会感到，你已不再有用了。你也许会觉得：你的生命已经完结了——尽管还有多年的时光好活——因此，你也许会感到绝望。

诚然，生活有时并不好过；今日如此，过去也是一样。虽然如此，但人生中仍有奇迹可以创造；仍有美好的时光可以生活下去。我们必须埋葬这种消极的思想，去感受每一天的大好希望。

凡是懂得自我改善的人，都有希望。

为了积极地生活下去，你必须加倍去努力支持你自己，相信你自己的成就；你的积极感觉，你的积极行动；你的人生见识的长处。此外，你必须加倍努力去承认你的缺陷，并勇敢地正视你的错误。还有，你必须忠实地检讨你的现状，不要落入消极观念的圈套，否则会低估你的实力。

你也许会遭遇到种种障碍，但是，你只要对自己采取积极的态度；只要使自己成为一个你所喜欢的人——成为一个你乐意做朋友的人，那么，你就不难克服那些障碍了。

首先，你必须明白，你的心灵具有不可思议的力量——不论是好是坏都一样。要想了解一个有着摩天大楼和高速公路，有着原子能和太空人的世界，并不是容易的事。能够使你快乐或悲惨的，是你心中这些简单的观念和心像。

不过，你的思想、你的观念以及你的心象，都是你最珍贵的资产。你可以买一辆名牌汽车、一件貂皮大衣以及一座豪华住宅——然而你却不一定能够感到快乐。你可以像一个朋友似的对待你自己——并由此感到满意。你也可以环游世界一百次，赚上百万金元——然而你也许会弄得惨兮兮的。你可以强化你自己的自我心像——并因此感到快乐。

人生是一种各人各有特色的事情，有些人畏畏缩缩，不敢进取；有些人躲藏在安全但却沉闷的小天地中，这虽可使他们避免受到痛苦，但却排除了真正的人生体验。

人生对你应该是一种历险——今天。

人生对你应该充满兴奋刺激——今天。

人生对你应该充满意义——今天。

这就是我们要探究的事情：踏上多彩多姿、兴奋刺激、充满意义的生活之道。

让自己展开生动的时刻、创造的日子、充满意义的岁月。

你必须知道：

你可以自立自助，一些跟你自己一样的人们——不论他们多么富有、多么成功，多么稳健或多么成熟，他们全都跟你没有两样——他们如何把他们的能力导向积极的生活？

你必须明白的是，尽管我们所听到的多半是消极的言词，但一枚金币有它的正面和反面。即使在文明的许多限制之内，人类仍可享受自由快乐的生活。

爱默生曾经写道：“人类的生活是真正的罗曼史，只要英勇地加以实践，就会使想象产生一种比任何小说都大的乐趣。”

这句话虽然是在 19 世纪写的，但至今仍然正确无误——假如我们能够“英勇地加以实践”我们的生活。

现在就是你重估自己的时刻——你是什么样的人？你将何去何从？现在就是你认清怎样改善生活的时刻。准备过一种丰富的生活，而且开始得越早越好。现在就是开始的时刻！

认清另一个自己

想要获得什么，以及想要采取某种行动的这种火热的欲望，是梦想者起飞所必需的起点。冷漠、懒惰或缺乏进取心，是不能产生梦想的。

记住：所有在生活上获得成功的人，一开始都很不顺利，并要经历很多令人伤心的挣扎与奋斗，然后才能“成功”。成功人士生活中的转折点，通常出现在危机的时刻，使他们得以认清楚自己的“另一个自我”。

英国传教士班扬因为批评宗教，而被逮捕下狱，出狱后他写出了《天路历程》一书。这本书是英国有史以来最好的一本书。

美国名作家欧·亨利，因为遭遇重大的不幸，被关入俄亥俄州哥伦布市的监狱，而使他在狱中发现了自己的写作天才。他因为受到迫害，遭遇不幸，因而认识了他的“另一个自我”，然后经由想象，使他发现自己原来可以是一个优秀的作家，而不是个可悲的罪犯和被社会遗弃的人。

狄更斯年轻时干过苦工，在黑瓶子上贴商标。他的第一次恋爱是项悲剧，渗入到他的灵魂深处，从而改变了他的人生，使他成为世界上真正著名的大作家。他的爱情悲剧首先使他写出了《余生录》这本伟大的小说，然后又写了很多成功的作品，使得读过的人都觉得这是一个更富裕、更美好的世界。

海伦·凯勒出生后不久，就变得又聋、又哑、又瞎。尽管如此不幸，她还是使自己的姓名在伟人历史中占了重要的一页。她的一生是最佳的证明：没有人能够被命运打败，除非他自己把失败当做事实来接受。

柏恩斯（苏格兰大诗人）本来是目不识丁的乡下小伙子。他自小贫困，长大后沦为酒鬼。但由于他的存在，使得这个世界变得更为美好，因为他给贫穷披上美丽的思想，他挖起了荆棘，在原地种下玫瑰。

贝多芬耳聋，弥尔顿（英国诗人）是盲人，但他们的姓名都能在历史上永垂不朽，因为他们都有美丽的梦想，并把梦想化为有组织的思想。

希望获得某样事物，和准备接受某样事物，这两者之间是有差别的。一个人除非相信他能得到某样东西，否则他就无法得到它。他的意识状态必须是“相信”，而不只是“希望”而已。开放的心是信仰的基础。封闭的心态是不能鼓舞信心、勇气或信仰的。

记住：定下崇高的生活目标、追求富裕与繁荣，反而比接受哀伤与贫穷更为容易得多。

一位伟大的诗人以下面的诗句正确表达了这项全球性的真理：

我要求生活给我一分钱，
生活如数付出，
但到晚上清点我那冷清的店铺时，
我却身无分文，沦为乞丐。
因为，生活是个公正的老板，
他对你的要求一概接受，
但是，既然你接受了工资，
你就必须承担工作。
我为了微薄的薪资工作，
但却惊奇地发现，
不管我要求多少工资，
生活都会乐意付出。

为自己的失败寻找借口

借口是为自己无能寻找辩解。

约瑟夫每天早晨6点钟要到达富兰克林街的办公室，在7点钟办事员们到来之前把全部办公室打扫好。白天一整天，还得为一位患病的董事，来回不断地送热水。

周薪升到5美元的时候，约瑟夫断然地申请到外面去推销毛纺织品。他既年轻，身体又弱小，然而却得到准许，做起了推销员。不久，他便能取得订货了。

有名的1888年大风雪袭击了全纽约。就在这次大灾难之后不久，一般推销员都在将近中午时分就赶到富兰克林街的办公室，争先恐后地挤拢到火炉旁，尽兴地聊着天。

那天下午相当晚了，大门开处，一股寒冷刺骨的北风直冲进来。同时，几乎冻僵了的约瑟夫，像醉汉似的摇晃着蹒跚地走了进来。

“是不是董事先生来上班了。”老资格的推销员讽刺地说。

“不过，我把今天应做的工作做完了。”约瑟夫回答道，“像这样的大雪。我更加奋发。而且在这样的天气里，不会有竞争的对手，所以给客人们看了更多的样本。我今天得到了43件订货。”约瑟夫立刻晋升为正式的推销员，薪水也加倍了。他后来成了世界最大的不动产商人。他知道，“今天不成”和“永远不成”两者意思相同。

怠惰者常能找到无穷的借口。比如做某件事情，天太热了，或者说，太冷了，下雨不便，风刮得太大，天气变坏了，等等。他们在说这些话的时候，错过了良好的机会，终至不可救药。

“要有更好的工作地方，设备更加齐全的地方……”这也是常见的辩解之地。

“周围的人真可恶，叫我无法工作。”这也是怠惰者常找的借口。

借口总是在人们的耳旁窃窃私语，告诉自己因为某原因而不能做某事，久而久之我们的潜意识会认为这是“理智的声音”。假如你也有这种习惯，那么请你做一个实验，每当你使用一个“理由”时，请用“借口”来替代它，也许你会发现自己再也无法心安理得了。

那些认为自己缺乏机会的人，往往是为自己的失败寻找借口。而成功者大都不善于也不需要编制任何借口，因为他们能为自己的行为和目标负责，也能享受自己努力的成果。

那些实现了自己的目标取得成功的人，并非有超凡的能力，而是有超凡的心态。他们能积极抓住机遇，创造机遇，而不是一遭遇困境就退避三舍，寻找借口。

习惯性的拖延者通常也是制造借口与托辞的专家。如果你存心拖延、逃避，你就能找出成千上万个理由来辩解为什么事情无法完成，而对为什么事情应该完成的理由却想得少之又少。事实上把事情“太困难、太无头绪、太花时间”等种种理由合理化，的确要比相信“只要我们努力、勤奋就能完成任何事”的念头容易得多。

如果你发现自己经常为没做某些事而制造借口，或想出千百个理由为事情未能按计划实施而辩解，那么，劝你最好还是自我反省一番吧！

准确叫出别人的名字

记住对方的名字，并把它叫出来，等于给对方一个很巧妙的赞美。而若是把他的名字忘了或写错了，有时你就可能处于非常不利的境地。

钢铁大王卡耐基对钢铁冶炼技术懂得很少。他手下有好几百个人，都比他更了解钢铁冶炼技术。

卡耐基10岁的时候，他发现人们对自己的姓名看得很重要，而他正是利用这个发现，去赢得了后来的别人的合作。

有一次，他抓到一只兔子。那是一只母兔，他很快又发现了一整窝的小兔子，但没有东西喂它们，可是他却有了一个很妙的办法。他对附近的那些孩子们说，如果他们谁能够找到足够的苜蓿和蒲公英喂饱那些兔子，他就以他们的名字来给那些兔子命名。

这个方法太灵验了，卡耐基一直忘不了这件事。

后来，他在商业界利用这一同样的人性的弱点，赚了好几百万美元。

当卡耐基和乔治·普尔门为卧车生意而互相竞争的时候，这位钢铁大王又想起了那个兔子的故事。

卡耐基控制的中央交通公司，正在跟普尔门所控制的那家公司争生意。双方都拼命想得到联合太平洋铁路公司的生意，你争我夺，大杀其价，以致毫无利润可言。卡耐基和普尔门都到纽约去见联合太平洋的董事长。有一天晚上，两人在圣尼可斯饭店碰头了，卡耐基说："晚安，普尔门先生，我们岂不是在出自己的洋相吗?"

"你这句话怎么讲?"普尔门想知道。

于是卡耐基把他心中的话说出来——把他们两家公司合并起来。他把合作而不互相竞争的好处说得天花乱坠。普尔门注意地倾听着，但是他并没有完全接受。最后他问："这个新公司要叫什么呢?""以你的名字命名怎么样?"结果，他们达成了协议。

卡耐基这种记住并重视自己朋友和商业人士名字的方法，是他领导才能的秘密之一。他以能够叫出公司许多员工的名字为骄傲。他很得意地说，他自己任主管的时候，他的钢铁厂未曾发生过罢工事件。

如果你要别人喜欢你，就记住他的名字。记住一个人的名字，对他来说，是任何语言中最甜蜜、最重要的声音。在现代社交中，很多人不善于记住他人的名字。其实，这是增进人际关系的一个很好的机会。

能够叫出别人的名字，一下子就拉近了人与人之间的距离，这时双方可以很快进行深入的交谈，亲切感就是从你的言语中流露出来的。这样做还能给人这样一种印象，你的心中装着他，他在你的心中占有一定的地位，他是有价值的，是引起别人注意的人。被叫出名字的人有一种心灵的慰藉，有一种满足，他愿意和你交谈，对你有好的印象。

如果你能记住一个人的姓名并能轻易叫出，你实际上已拉近了与他之间的距离。

你如果想有好的人缘的话，就应该自己有一份交际档案，包括别人给你的名片，别人给你打电话时，你记下的对方的情况的纸片，你所见到的所有见过面并且知道姓名的人，把他们的情况整理出来，放在你经常看得见的地方，如办公桌上，或床边，休息时时常翻看，就算作为一种消遣的方式，这样你的交际空间便一天比一天宽起来。对于经常打交道的老朋友的姓名档案可以剔除，往里天天加新的，这样，今天的新朋友就成了明天的老朋友。有了新朋友，不忘老朋友，天天都有新朋友，你就可以变成一个拥有大量财富的人了。财富不是朋友，但朋友却是最可宝贵的财富。这样一来，你交往的范围越来越宽，自己的路也就越走越宽。

记住别人的名字是获取别人好感、拥有好人缘的重要方法之一。

养成居安思危的习惯

数十年前，高中毕业下乡插队的张女士顶替父职到某企业工作，先后当过工人，车间调度，总公司办公室收发兼档案管理，饱经风霜的她任劳任怨。近年来，企业经营不景气，单位进行机构改革与调整，此时此刻，她猛然意识到自己年龄大、学历低，又无专长，下岗的忧患时刻威胁着自己。她思虑再三，决心在短期内掌握一技之长。

平常在工作中她帮打字员校对文稿，发现那位打字员不仅打字速度慢，而且错漏百出，校对后还要耗时修改，工作效率很低。公司里的几位老总都对其不满。看来，换人是迟早的事。

于是，张女士利用空闲时间苦练电脑打字技术。这对40多岁的女士来说确实不容易。经过大半年时间的刻苦学习，她的录入速度提高到每分钟50字，而且准确率相当高，几乎可以免除校对了。文稿排版美观大方、文字摆放疏密有致，令人赞不绝口。

不久，一位学档案管理专业的大学生接替了她的工作，她则被聘为办公室打字员。而那位比她年轻十多岁的前任则无可奈何地下了岗。由此可见，想在这个社会上赢得一席之地，就必须要养成居安思危的习惯。如果做一份什么人都可以做的工作而又不思进取，那么说不定什么时候就被人淘汰了。

人皆有惰性，一旦条件优越，就难免不思进取。然而，一个人要想在异常激烈的社会竞争中不被淘汰，还是有一点危机意识的好，这样就可以未雨绸缪，主动出击，多一点生存的技能与智慧，对未来就多几分机会与把握。

聆听天地的声音

东京电话公司在几年前碰上了一个对电话接线生口吐恶言的最凶恶的用户。那个不讲理的用户拒绝缴付任何费用，说那些费用是无中生有。他写信给报社，到公共服务委员会去做了无数次的申诉，告了电话公司好几状。最后，电话公司派一个最干练的调解员去会见他。调解员静静地听着他说，让那位暴怒的用户痛痛快快地把他的不满一股脑地吐了出来，还不断地说："是的。"以表示同情他，如此长达6小时之久。经过三四次的接触，那位用户变得友善起来了。调查员说："在第一次见面的时候，我甚至没有提出我去找他的原因。第二次、第三次也没有。但是第四次，我把这件事完全解决了。他把所有的账单都付了，而且撤销了那份申诉。"

无疑，那位用户实际上所要的是作为一个重要人物的感觉。他先以口出恶言和发牢骚的方式取得这种感受，但他从电话公司的代表那儿得到了重要人物的感觉后，无中生有的牢骚就化为乌有了。

专心倾注于对你说话的人是非常重要的，再也没有比这么做更礼貌的了。常发牢骚的人，甚至最不容易讨好的人，在一个有耐心和同情心的听者面前，也常常会软化而屈服下来。

只谈论自己，只想到自己的人，是个不懂成功的人，因为他很难与人沟通，不会倾听。

聆听是一般人最容易忽略的一项美德。我们常习惯滔滔不绝地倾诉，却不会在安静中让自己的心保持平和，聆听天地的声音。

学会倾听他人的谈话也是善待他人的一种方式。在我们接受学校教育的整个过程中，我们被教导怎样阅读、写作和表达，然而，从来没有人教导我们应该怎样去倾听。所以，对于大多数人而言，不善于倾听是最大的弱点之一。

倾听的技巧就是在对方谈话时聚精会神、全神贯注地听。当某个人和你谈话时，你绝对不能让任何事情分散自己的注意力。如果你是在一个喧哗嘈杂的房间里和人谈话，你应当想方设法让对方感觉到在场的只有你们两个人。在交谈中，你的双眼应直盯着对方。

学会忍耐

耐心是成败的分界线。

俗话说："心急吃不了热豆腐"。

神仙传授酿酒之法给两个凡人，叫他们选端午那天收割的稻子，与冰雪初融时高山流泉的水珠调和，注入千年紫砂土铸成的陶瓮中，再用初夏第一张看见朝阳的新荷覆紧，密闭七七四十九天，直到鸡叫三遍后方可启封。

这两个人历尽了千辛万苦，总算找齐了所有的材料，把酒调和好并密封，然后潜心等待那注定的时刻。

终于等到第 49 天了。两人整夜都不敢有片刻休息，急切地等着鸡鸣的声音。远远地传来了第一遍鸡鸣，过了很久，依稀响起了第二遍，第三遍鸡鸣到底什么时候才会来？其中一个再也忍不住了，他迫不及待地打开了陶瓮，却惊呆了——里面的一汪水，像醋一样酸，又像中药一般苦，他失望地把它洒在了地上。

而另外一个，虽然欲望如同一把野火般在他心里熊熊地燃烧，让他按捺不住想要伸手，他却还是咬着牙，坚持到了三遍鸡鸣后打开陶瓮，一股清香扑鼻而来，他终于喝到了甘醇的美酒。

凡事不能急躁，急躁往往会事与愿违，只能喝下自己酿的苦酒。

只要有足够的耐心去等待，胜利就一定会属于你。

"万事俱备，只欠东风"的时候，我们需要等待时机。等待的过程也许就是我们最难忍受的过程。

唐朝武则天时期，有一个名叫娄师德的人，他是一位既有学问又气量宽宏的朝廷重臣。

一次，他的弟弟当上了州刺史，临上任之前，娄师德对弟弟说：“我辅助宰相，你现在又管理一个州，受皇上宠幸太多了，这正是别人所嫉妒的。你打算怎样对待别人的嫉妒以求自免灾祸呢？”娄帅德的弟弟跪在地上，对哥哥说：“从今以后，即使有人朝我脸上吐唾沫，我自己擦去唾沫，也绝不叫你为我担忧。”娄师德说：“这正是我所担忧的。人家向你吐唾沫，是对你恼怒的缘故。如果你将唾沫擦净，那不是违反了吐唾沫人的意愿吗？别人会因此而增加对你的愤怒。不擦去唾沫，让它自己干了，应当笑着去接受它。”

在中国，“忍”字更成为众多有志之士的人生哲学。

忍人一时之疑，一方面是脱离被动的局面，同时也是一种意志、毅力的磨炼，为日后的发愤图强、励精图治、事业有成奠定了基础。

年轻人就业之后，每一个人便开始面临考验。这时候你会惊讶地发现，即使自己言谈举止有不妥之处，也没有人为你纠正，但你却必须为自己的一切错误付出代价和承受意想不到的损失。

人生的一切可以从现在开始，请从现在就学会忍耐吧，只有这样，你才能成为一个成功快乐的人。

倾我所能就能成功

作曲家王立平说：“把该做的事做好，不要管结果如何。”

如果你渴求成功就一定要记住：倾尽所能。

一位老师用当时最先进的教学方法来教学生，但效果并非如预期所料……

一天，他带着7个学生外出实习，在路过街头的时候，看见一个冻得瑟瑟发抖的孩子在乞讨。

“你要钱干什么？”他问。

"买衣服。"

"是你自己穿吗?"他想问个究竟。

"给奶奶穿,她快冻死了,还没有一件过冬的衣服。"

"还差多少钱?"

"15英镑。"

老师二话没说,掏出身上的钱塞到孩子手里:"孩子,天冷,快回家吧。"

第二天,孩子和他穿着棉衣的奶奶出现在教室门口。

20年后,这7个学生成了老师一生中的骄傲:有白手起家的金融巨头,有最有名的医生……

学生说:"那次,老师在给小孩钱时,连口袋都掏出来了。第二天,小孩的奶奶出现在教室门口,在那一瞬间,我们都明白了一个道理:倾尽所能,就能成功。"

养成倾尽所能的好习惯,尽力去做你想做的事,则任何事都有成功的可能。

在巴黎的一家美术馆里,陈列着一座美丽的雕像,它的作者是一个身无分文的艺术家,每天他只能在一个狭小的屋子里工作。就在他即将完工的时候,当地的气温突然下降,竟然降到了零度以下。如果模型中的水分被凝固结冰的话,整个雕像的线条就会扭曲变形。于是,艺术家脱下了自己的衣服,把它盖在雕像的身上。第二天,人们发现艺术家已经离开了这个世界,而他的雕像却永远保留了下来。

无论我们做什么事情,无论是否会有人反对,我们都应该全身心地去投入,我们要对自己有信心。

有个著名的金融家说过这样一句话:"一个银行家要想取得巨大的成功,唯一的可能就是,雇一个做梦都想把银行经营好的人当总裁。"

狄更斯曾经说过,每次他构想小说的时候,几乎都是废寝忘食,他所有的心思都全部用到了小说的构思当中去了,小说中的故事情节会一直萦绕在他心头,直到他把整个小说都写完为止。一次,他为了描写一个场景,曾一个月闭门不出,当他再次出门的时候,他已经非常憔悴了,简直就像患了重病一样。

留有余地好处多

知礼的客人，是不会把一条鱼全吃光的。

“凡事要留有余地”，这是社交中的一种礼节和美德，正如把鱼的另一面留给别人。

阿猪小时候家里很穷。一天，有个客人到他家，难得的诱人的鱼香，令他垂涎不已：阿猪当时才6岁，还不懂得掩饰自己，他吵着要吃鱼，母亲答应了，但是有个条件：等客人吃饱后方可上桌。

阿猪不听：“等客人吃饱了，鱼不就被他吃光了？”母亲答道：“知礼的客人绝对不会将鱼翻过面来吃，另外一面一定还是好好的。不信你去窗边看看……”

阿猪来到窗边，踮着脚尖往里看，眼睛盯着桌上的那条鱼。忽然间，客人用筷子把鱼翻了个身……阿猪失望地跑回厨房，扑进母亲怀里大哭起来。母亲也哭了，她不知该如何安抚阿猪的心。

几十年过去了，生活水平提高了，阿猪也成了一名经理。但在所有的应酬宴请中，每当有鱼上桌时，阿猪就会回忆起儿时那伤心的一幕。每次，他总是不轻易把鱼翻身，因为他永远记住了母亲的那句话。

阿猪是聪明的，他没因那次没有吃到鱼而遗憾，相反的却明白了一个做人的道理：“凡事要留有余地。”

“凡事要留有余地”，这是一条重要的做人准则。在你留有余地的同时，别人也会因此而受益匪浅。

物极必反，常以“花未全开月未满圆”来劝诫自己浮躁的好胜心，控制自己的前进节奏，有时是一种聪明的举动。

功与名是曾国藩毕生所执著追求的。他认为，古人称立德、立功、立言为三不朽。为保持自己来之不易的功名富贵，他又事事谨慎，处处谦卑，坚持“花未全开月未满圆”的观点。因为月盈则亏，日中则昃，鲜花完全开放了，便是凋落的征候。因此，他常对家人说，有福不可享尽，有势不可使尽。他称自己“平日最好昔人‘花未全开月未满圆’八个字，以为惜福之道、保泰之法”。此外，他“常存冰渊惴惴之心”，为人处世必须常如履薄冰，如临深渊，时时处处谨言慎行，才不致铸成大错，招来大祸。

他始终认为，“天地间唯谦谨是载福之道。”他指出，“趋事赴公，则当强矫；争名逐利，则当谦退。开创家业，则当强矫；守成安乐，则当谦退。出与人物应接，则当强矫；人与妻奴享受，则当谦退。若一面建功立业，外享大名，一面求田问舍，内图厚实，二者皆盈满之象，全无谦退之意，则断不能长久。”

第五章 成功的秘诀是行动

立刻去做

成功的秘诀是行动，立刻去做！

想做的事情，立刻去做！当“立刻去做”从潜意识中浮现时，立刻付诸行动。

从小的事情开始，立刻去做！养成习惯，机会出现时，你就能立即行动。

威尔斯是多产的作家，他从来不让任何一个灵感溜走。他的方法是立刻写下来，即使在半夜，他也会打开电灯，拿起放在床头的纸和笔记下灵感，然后再蒙头睡觉。

很多人有拖延的习惯，可能因此赶不上火车、上班迟到，甚至失去重要的机会。

第二次世界大战时，肯尼斯·艾温·哈门在日军登陆马尼拉时被俘，随后被送往一处集中营。肯尼斯看到室友的枕头下有一本书叫《人生的优点》，便问道：“可以借我看吗?”

那本书给肯尼斯极大的鼓舞和启示。他渴望拥有那本书。但是书的主人却不愿割爱，“借我抄!”他说。室友爽快地答应了。

肯尼斯成功的秘诀就是立刻去做。他开始逐字逐页誊录，由于书随时会被索回，他日以继夜地抄录。

抄完最后一页仅仅一个小时之后，他的室友被带到另外一处集中营。被俘的 3 年期间，肯尼斯一直带着那份手稿，一读再读。那是他的精神食粮，鼓舞他，给他勇气计划未来，使他的身心得以安慰。他说："成功必须持续行动，否则就会长翅膀飞走。"

立即的行动，可以实现你最大的梦想！

曼利·史威兹喜欢打猎和钓鱼。他最大的快乐是带着钓鱼竿和来福枪深入森林，几天之后才带着一身的疲惫和泥泞，心满意足地回来。

他唯一的困扰是，这项嗜好占去太多的时间。有一天，他依依不舍地离开宿营的湖边，回到现实的保险业务工作时，突然有一个想法，荒野之中，也有人需要购买保险。如此，他外出狩猎时，也一样可以工作！果然，阿拉斯加铁路公司的员工就急需购买保险，散居在铁路沿线的猎人、矿工也都是他的潜在客户。

他立刻做好计划，搭船前往阿拉斯加。他沿着铁路来回数次，"步行的曼利"是那些与世隔绝的人们对他的昵称。他受到热烈的欢迎，他不但是唯一和他们接触的保险业务员，更是外面世界的象征。除此之外，他还免费教他们理发和烹饪，经常受邀成为座上宾。他在短短一年内，业绩突破百万美元，同时享受登山、打猎和钓鱼的无上乐趣，把工作和生活作了最完美的结合！

曼利·史威兹如果在梦想产生时，没有立即行动，可能因为一再犹豫，无为而终。

立刻去做！可以应用在人生的每一阶段，帮助你做自己应该做、却不想做的事情。对不愉快的工作不再拖延，像曼利一样，抓住稍纵即逝的宝贵时机，实现梦想。如果你想要打电话给一个久未联络的朋友，那么，你应该立即去做！

坐下来写一封信给你自己，说一说你想做的事情和计划。立刻去做！

不论你现在如何，用积极的心态去行动，就能达到理想的境地。

立刻去做！

没有事情是不可能的

拿破仑·希尔——著名的写激励文章的作家，年轻的时候，他抱着要做一名作家的雄心。要达到这个目的，他知道自己必须精于遣词用字，字将是他的工具。但是由于他小的时候很穷，接受的教育并不完整，因此“善意的朋友”就告诉他，说他的雄心是“不可能”实现的。

年轻的希尔存钱买了一本最好的、最完备的、最漂亮的字典，他所需要的字都在这本字典里面，而他的意念是要完全了解和掌握这些字。但是他做了一件奇特的事，他找到“不可能”（impossible）这个词，用小剪刀把它剪下来，然后丢掉。于是他有了一本没有“不可能”的字典。以后他把他整个的事业建立在这个前提上，那就是对一个要成长、而且要成长得超过别人的人来说，没有事情是“不可能”的。

在此处讲述希尔的故事，不是建议你从你的字典中把“不可能”这个字剪掉，而是建议你要从你的心智中把这个观念铲除掉。谈话中不提它，想法中摒除它，态度中去掉它。抛弃它，不再为它提供理由，不再为它寻找借口。把这个字和这个观念永远地抛开，而用光明灿烂的“可能”（possible）来代替它。而“可能”这个字的意思也就是——你认为你行，你就行。

记着这些了不起的字：“你们若有信心像一粒芥菜种子……你们就没有一件不能做的事。”把这段话写在一张卡片上，放在你的钱包里随身带着。更好的做法是，把这段话明白地写进你的心智之中，遵照着去做，而且一定要做到，然后在最深的意识里你就一定会掌握这话的真谛，你就会完成了不起的可能。

为了获得成功，你应该建立起瞧不起“不可能”这个观念的健康态度。你应该无情地用科学方法来检视这个观念，人们认为某件事情不可能做成，实际上只表示了他对事实认识不够，“不可能”是沿着一种错误所产生的说法。在仔细的、客观的研究之后，就会显出所谓“那是不可能的”的说法是缺乏实际根据的。

你就像以往的时候，对最不可能的事大家常常这样说：“这和飞到月亮上去一样的办不到。”

变不可能为可能

华特·席斯乐写过一篇横跨麦基奈克湖峡的一座大桥的故事，它应该在文学中占一席之地，因为这个故事显示了：只要我们认为可以做到，而且以科学的方法揭发“不可能”的神话，我们就可以做到我们要做的事。

故事大致是说，由于很多人确信这座桥是不可能建成的，以至于这座桥的施工给耽搁了半个多世纪。早在1880年时，密歇根州有远见的商人就建议在这个湖峡上建一座桥。铁路已经有一条支线向东经密歇根州上半岛到湖峡北岸的圣伊格雷斯，也有一条支线从底特律向北到湖峡南岸的麦基劳市，而以渡船运送旅客和货物来往于分隔这两条铁路终端的5公里宽的水面。到了冬天的时候，湖湾中结了冰，渡船就不能动了，如此就妨碍了半岛上经济的发展。

各个团体陆陆续续倡议建一座桥，但是他们也都一再遭遇“不可能”这句话的阻拦，自作聪明的人说建桥是不可能的，因为永远没有办法建出一座能抵抗得住横扫湖峡的强风的桥来。又有人说建桥是不可能的，因为冬天里厚冰的压力会压碎、损坏桥柱和桥基。更有人认为建桥是不可能的，因为湖峡的底床是泥板岩，不能承受桥基的重量。

几十年来这些反对理由阻延了建桥的进展。然后在第二次世界大战结束后不久，普伦第士·布朗参议员出面安排，对这些所谓的障碍做了一番科学的调查研究。

调查发现湖峡所曾记录的最大风速，是在1940年10月一次暴风雨中的每小时78里，而土木工程师证实可以设计出能承受2. 5倍这个风速的桥来。

工程师也定出了桥柱和桥基的规格，足以承受地球上最大的冰的5倍压力。彻底的测试显示湖峡下面的岩石可以承受超过每平方尺60吨的压力，计算指出桥基可以设计保持在每平方尺只产生15吨以下的压力。

一旦这些发现解除了以往悲观主义者的说法之后，这座长久以来认为“不可能”的桥就有了建筑计划。但是就在要开工的时候，华盛顿州塔柯玛的一座桥，因为峡谷下面的风力上顶桥身，而突然垮了下来。如果麦基奈克湖峡也出现了向上吹的强风，那会发生什么样的事呢？这个反对建桥的问题很快就有了解答，工程师以塔柯玛灾难为前鉴，认识到在桥面上设置空格的重要，因为这样上扬的风就有了出路。

如此一来，这座长期以来梦想的横跨麦基奈克湖峡的大桥——被认为是不可能的桥——终于建成了，一共5公里长，高出水面552米。

筑桥工程的主任工程师宣称："只要有足够的意志力，足够的脑筋和足够的信心，几乎任何事情都可以做到。"他说的太正确了。正如哈瑞·法斯狄克所说的："这世界现在进步得太快了。如果有人说某件事不可能做到，他的话通常很快就会被推翻，因为另一个人已经做到了那件事。"

如果你面对问题时受到"不可能"观念的骚扰，你可以对所谓不可能的因素展开一次实事求是的、客观的研究，结果你会发现所谓的"不可能"，通常不过是源于对问题的情绪反应而已，而且你还会发现只要以冷静、非情绪的态度，运用智慧来检视所涉及的各种事，你通常就能克服这些所谓的"不可能"。弗麦基奈克湖峡大桥就是一个很好的例子。

神话总是胜不了事实，这是不需要再强调的了。"那是不可能的。"这句话只是神话而已。"他能做到，我就也能做到。"才是事实。因此，你要照着事实去做，不要理会神话。你要再度肯定这个事实，那就是在运用创造性的想法之下，你能够消除所谓的"不可能"。

在正确的思维中，在信心和勇气之下，我们可以把"不可能"变成可能。能够做到这一点的人，必定是永远不甘于失败的人，他们必定是不断奋斗和工作，而最重要的是他们必定永远相信生活，相信他们自己。

生活充满机会

在这世界上，对于善于利用机会的人，到处都是门路，到处都有机会。实际上，许多人未能依靠自己的能力去争取美好的人生，虽然这种能力既给了强者，也给了弱者。我们不应一味依靠外界的帮助。即使本来就在眼前的东西，我们也要盯着高处寻找。

机会？你的生活充满了机会。学校里的每节课，工厂或办公室的每一小时都展现新的机会，每位顾客都是机会，报纸上的每条新闻都是机会，每次发布会都是机会，每笔交易都是机会。礼貌的机会，友善的机会，诚实的机会，结交新朋友的机会，每次新的展示都是好机会，每次考验你的毅力和责任感的都是千金难买的机会。如果像弗里德里克·道格拉斯这样连身体都不归自己所有的奴隶能成为演说家、编辑和政治家，那么同道格拉斯相比，有着许多好机会的你能取得怎样的成就呢？

只有闲人，而非劳动者，才会没完没了地抱怨没有时间，没有机会。许多人把零零碎碎的机会漫不经心地丢弃了，而有些人却从这些机会中得到许多好处，甚至比别人从一生的时间里得到的还多。他们像蜜蜂一样不放过每一朵花。他们见到的每一个人，经历的每种情况，无不为他们的知识或个人力量的宝库增添点什么。人的一生中，幸运女神总会光临一次。当她发现人们没有准备好迎接她时，她便从门进来，从窗子出去。一位拉丁诗人也说过：机会女神的头发长在前面，后面却是光秃秃的。如果抓前面的头发，你就可以抓住她；但如果她逃脱，那么即使主神朱庇特本人也抓不到她。

不要以为雄心是与生俱来的品质；不要以为雄心没有改造余地；不要以为雄心是强加到我们身上的，像身高和眼睛的颜色一样只能顺其自然。雄心需要不断地照料和培育，就像哲学、音乐和美术的能力一样需要培养，否则它就会衰退。

如果我们有雄心壮志，但不去努力实现，那它就不会保持勃勃的生机；如果你的智慧长期不使用，那它就会变得迟钝，直至丧失功能。我们怎么能指望自己的雄心壮志经过几年闲散、懒惰、冷漠的生活仍保持勃勃生机呢？如果我们总是让机会擦身而过，而不去努力抓住它们，那么我们的性情只会变得更迟钝、更懒惰。

不要坐等机会，要去创造机会，就像拿破仑那样多少次使自己绝处逢生，或者像牧羊童费格森那样用一串玻璃珠计算星星之间的距离。对于懒惰者来说，再好的机会也一文不值；对于勤奋者来说，再普通的机会也仿佛千载难逢。

生在一个知识和机会都空前丰富的时代和国家，你怎么能无所事事，请求上帝帮你做你本来有能力做的工作呢？我们不能指望着不经实践就成为大师，不经学习就获得知识，不经努力就发财致富。

世界充满了需要做的工作。历史上有多少高尚的榜样，激励着我们去闯、去做。总而言之，我们每一分钟都处在新机会的门槛上。

当你下定决心不再浑浑噩噩地生活下去时，你就要同这种生活一刀两断。你要从衣服上、外表上、举止谈吐上，从你的家中把这种生活的痕迹清除干净；你要向世人展示你真实的气概，你再也不想被人视作失败者；你已坚定地面向美好的东西——能力、自信，世界上没有什么能使你改变决心。那么，你就会惊喜地发现，有一种向上的力量支撑着你，自尊、自强、自信随之陡增。

当你站在人生阶梯第二阶时，你要以全身心的力量下定决心去奋斗，因为世上每个人都享有许多美好的东西，这也应该有你的一份，这是与生俱来的权力。你现在具备成功和幸福的条件，应该努力去完成这神圣的使命。

成功的机会就在你自己的身边！

培养良好的时间观念

时间就像海绵里的水一样，想挤总是能挤出来的。一个人的成功与失败，往往关键就在于怎样分配时间，培养良好的时间观念。珍惜每一分一秒，人生必将卓越。

(1) 利用音乐提高效率

运用好起床时间，利用音乐提高效率。

“一日之计在于晨”，早晨起床时心情如何，对一整天的工作效率有很大的影响，但是有不少人即使闹钟响了，却还赖在床上，早晨对这些人而言实在是头痛的时间。

倘若在前一天睡前，先将自己喜欢的音乐录音带放入录音机中，再安置好定时开关，起床时间一到，音乐自然传出来。如此一来，仿佛在睡梦中听到轻松的音乐，自然醒来之后，心情也会随之愉快起来。

这个方法也可以当做是一种睡眠学习法，例如学习外国语言的人，可以选择外语课程录音带，又兼具了学习的功效。

（2）忙碌中思考一天的工作

从醒来之后，开始起床、洗脸、吃早餐，到出门上班为止，这是一天之中最忙碌的时间。

如果早上无法提早起床，这段时间是很难悠闲度过的。

首先将上班前的这段时间分为两部分：一部分是从醒来到起床，一部分是从起床到出门为止。

这样分法是为了在每一个时间段内安排不同的使用目的。

先是从醒来到起床的这段时间，醒来之后不必立刻起床。躺在床上，将一天的工作先做好安排，或者思考一些疑难问题的处理方法。等到将所想的事情都整理妥善之后，再起床。

换句话说，一天内要做的事情在床上已经都做好了安排。

（3）步行到车站有益健康

因为现在交通太方便，很多人往往一走出家门，伸手就要招计程车，连多走一步路都不愿意。其实步行是最有益健康的运动，效果甚至比慢跑或打球更好。

虽然说运动应该到公园散步，做体操，但是对上班族而言，花这样的时间活动太奢侈了，在这段时间内所做到的单单只有运动而已。

以步行的方式上班则不同了，不但能达到上班的目的，还兼具运动的效果，实在是节省时间的好方法。如你住的地方距离办公室非常远，你可以每天花十分钟走到车站。

太费时间的运动，例如高尔夫球之类，对上班族而言实在是抽不出时间来参与。为了健康着想，与其每周或每月特意花一两小时来做激烈运动，不如每天早上步行十分钟。

（4）有效运用乘车时间

大多数的上班族每天早上都必须花费一段不算短的乘车时间。如果家住得较远，或者遇到路上塞车，往往一个多小时必须挤在公交车里。这一个多小时如果用来看书或看报，不知可以吸收多少知识呢！

（5）合理安排工作

安排工作虽然很花时间，但是会提高效率，结果所花的时间反而更短。

首先将一天应做的工作全部写在笔记簿上，如果前一天有未完成的工作，当然也要加上去。写完之后，再从头到尾仔细看一次，并决定出工作顺序。

在安排工作时，不必安排得太详细，如此可使工作具有不同程度的弹性，进行起来比较顺利。但是排定的工作并不是一成不变的，一边做的时候可以一边修改。有的人习惯将工作时间安排得很紧凑，一件事接着一件事。看起来似乎很合理，实际上那可能是非常没有效率的方法，因为这种做法会让人觉得束手束脚的。如果工作未完成，时间就到了，势必要将工作中断；如果提早将工作做完了，就只好干瞪着办公桌了。

（6）做好工作准备

为了使一天的工作能顺利地进行，无论如何一定要先做好事前的工作。

有的人喜欢在工作前先看一遍当天的报纸，这也算是一种工作。但是，倘若事前的工作与工作之间有着密不可分的关系，往往会对工作有帮助。在有限的时间之内，为了使工作的进行更有效率，最好是尽早一点进入工作状态。

例如，一大沓非读不可的会议记录摆在眼前时，不妨先看一遍目录。如此一来，在实际开始阅读正文时，效率一定会大大地提高。

如果该做的工作太多，不知从何下手才好时，先将工作逐条列于纸上，然后再来仔细挑选。

（7）做好思考记录

夜晚睡觉的时候，将电灯关掉之后，各式各样的想法会一一浮在脑海中。如果这是在白天就已经察觉的事情的话，反复浮现在脑海中，就会使人难以成眠。

一旦有这样的念头占据了心头，想挥都挥不走了。

这时最好试着将问题理出一个头绪，到底烦恼在哪里？例如，受到领导的斥责，自己究竟错在哪里？如果为明天的会议感到不安的话，其原因何在？将问题和理由简单罗列出来，即使当场无法想出解决的方法，至少也使问题客观化了，会比较轻松些，然后将解决方案交由潜意识去思考就可以了。如果这个时候能想出具体的方法，当然是最好的。

就寝前的状态是最适合思考的，但是为了不影响睡眠，在忘记之前先记录下来，记录了之后就立刻将它抛开脑后，安心地休息。这是最有效率的方法。

（8）合理安排睡眠

经常听人夸口说：“我可以通宵熬夜，一两天不睡也无所谓。”

这句话令人感到怀疑，当然不是怀疑能不能通宵熬夜的问题，值得怀疑的是他真的“无所谓”吗？

通宵熬夜是很多人都有过的经验，但是，到底有多少人第二天还能用相同的精力来工作呢？结果往往是效率一落千丈。

我们每天持续不断地工作或学习，很少会在短时间内就看得见大目标，重要的是要依照自己的速度，循序渐进地努力。如果跑得太快，不但损害了健康，反而会使效率降低。

所以，即使工作再忙碌，也不能任意剥夺睡眠时间。以长远的眼光来看，合理安排睡眠是最具效率的好方法。

性格影响命运

性格影响命运，这句话无可厚非。一个人生存于现实社会中，个性太强，与周围的人格格不入，乃是人生失败的一大因素。一个人如果个性太强，虽然比较有能力，但是，他缺少了与人沟通合作的机会，必然导致人生的败局。

漫步河边，但见大大小小的卵石或圆或扁，全无棱角。其实这些卵石先前何曾似“卵”，它也曾有过棱角，只因它的模样很不符合潮流，以致被激流冲得栽了无数个跟头。日复一日，年复一年，它终于被磨去了棱角，磨掉了霸气，磨出了顺应潮流、不易受力的卵形。从此，此卵石与别的卵石便能和睦相处、相安无事。理想之石自从磨砺成卵形之后，急流巨浪每每只与它擦肩而过，日子从此倒也过得安稳起来。

做人又何尝不是这个道理？倘若每个人都棱角凸现、锋芒毕露，大家都固执偏激、与人格格不入，则这个社会的人际关系无疑将相当紧张。纷繁复杂的社会，急需人与人之间的亲和之力，所以对头角峥嵘、个性张扬的人，在无形之中便持排斥态度，个性很强的人往往会觉得活得很累。

炫耀是无知的表现，切忌到处炫耀。过度炫耀是心理幼稚的一种表现，假如你向比你地位高的人炫耀，他们不会因为听了你的几句自我吹嘘话而改变对你的看法，照样看不起你；假如你向比你地位低的人炫耀，他们只会增加对你的反感情绪，照样深深地嫉妒你。从心底里打消到处炫耀的念头吧，用一颗平和的心去面对复杂的社会。

人人都希望得到社会的承认，这也是人之常情。外圆内方者，此时必是避其锋芒，即便觉得别人干得不好也不会直言相对，而是委婉指出。有锋芒也有魄力，在特定的场合显示一下自己的锋芒，是很有必要的。但是如果太过，不仅会刺伤别人，也会误伤自己。

做事圆通并不是要违背人格去圆滑地做人，而是要你在坚持原则的前提下讲究说话的艺术和方式，这样既可以表明自己的见解，达到自己的目的，又不会伤害别人，也保护了自己。尤其在纷繁复杂的人际关系中，内方外圆就显得尤为重要。

谋略贵在圆。谋略贵在能圆转，而不在于方正；计策贵在能灵活，而不在于拘泥。

政策虽然是早就定好了的，但在实践运用中，贵在能应变；谋略虽然事先有所拟定，但在实用中，也贵在能随机转化。

圆是妥妥当当处世的锦囊，圆是以不变应万变的机变。如果谋事或为人处世只方不圆，或只是死守着一些规矩和原则，毫无变通之处，不懂根据具体的情况灵活把握，则会流于呆滞和拘泥，走向了另一个极端。

品位是人的内在素质和外在形象的统一

古典名著《菜根谭》中，洪应明谈到这样的人：家境虽贫寒，地却总是打扫得干干净净；姑娘虽穷苦，头发却总是梳洗得整齐清洁。洪应明赞道：那情形虽说不上富贵艳丽，但气度却是那么文雅大方。你说，这“贫家”和“贫女”有没有品位？洪应明又说，他想不通的是，为什么士君子（有学问有身份的读书人）一旦遭遇穷困失意，就自暴自弃，不讲文雅的气度（也就是品位）了呢？

世界著名捷克作家米兰·昆德拉创作的一个重要主题就是批判媚俗，是当代世界文坛上一位光彩夺目的人物，他的作品如《玩笑》、《生活在别处》、《笔忘录》、《生命中不能承受之轻》都因这一题材而风靡一时。昆德拉意识到，在现代社会，各种流行的世俗偏见、世俗情绪、世俗习惯通过大众传播媒介渗透到社会的每一个角落，它们的泛滥大大地冲击人的个性和独创性思想，而公众对这些媚俗的东西不假思索地予以接受和模仿，一部分知识分子为了投大众所好，更是千方百计把流俗的东西套上美丽的外衣，它所带来的结果是媚俗这种“现代愚蠢”愈演愈烈。

品位指一个人的品行、风度、气质、教养。一个人有没有品位，不在于他有没有金钱做后盾，也不在于他有没有姣好的容貌和身材作依托，而是在于他的品德或曰“德行”。所谓“腹有诗书气才华”。这里的“诗书”不但是学问，更是学问熏陶出的良好道德品行。

培根说：“单是为了名副其实，人还需要有极大的美德才华，就像宝石一样，宝石如果不需要用衬箔来陪衬的话，也就必须本身具有极大的价值。”

他又说：“有些老年人显得很可爱，因为他们的作风优雅而美。美的人迟暮也是美的。而有的年轻人尽管具有美貌，却由于缺乏优美的修养而不配得到赞美。”

“贫家净扫地，贫女净梳头”，虽然他们贫穷，但他们热爱生活，欣赏生活，保持着洁身自好的良好习惯，这种不因贫穷就“自废弛”的风雅气度，是真正高贵的品位。

人有无品位，不在地位、金钱、学历、相貌，而在人品、道德、德行、教养、文化底蕴、内在素质这些精神层面的东西。有了内心的完善和充实，“贫女”也自有风雅的气度；如果没有，“士君子”也会废弛无品位。

德国大文豪歌德说：“行为是一面镜子，在它面前，每一个人都显露出各自的真实面貌。”莎士比亚说：“服饰往往可以表现人格。”雨果说：“人的面孔常常反映他的内心世界，以为思想无形五色，那是错误的”。

品位是人的内在素质与外在形象的统一，不能想象一个举止猥琐，言谈粗俗，衣着邋遢的人，他会有优雅的品位。

孔子是中国古代的大思想家、教育家，十分注重品格和教养。他提出修身的五德：温，温和平易；良，善良；恭，庄重严肃，谦虚和顺；俭，朴素节俭；让，先人后己，谦逊礼让。

《论语》里记载了孔子的举止言谈和衣食住行，从中可看出孔子的生活品位：孔子穿衣，不用深青透红或黑中透红的布镶边，因为前者是斋戒时所用，后者是丧服的颜色。夏天虽热，但不只穿类似今日汗衫背心的里衣，而要在外面套上麻布单衣。孔子“食不厌精，脍不厌细”，还有“八不食”的自我规定，讲究吃饭要卫生、合乎营养。对于酒，孔子认为可以喝，但应“不及乱”，就是不能喝醉或酗酒闹事。

伟大的革命家、政治家、外交家周恩来的高风亮节和翩翩风度，是我们最可贴近学习的楷模。在国外，周恩来有“东方美男子”的美称。这除了指他的聪明才智，主要还是指他的人格魅力。周恩来一生，仪容端庄潇洒，举止落落大方，谈吐机敏智慧，得益于他从青年时就一直加强自我修养，周恩来曾在南开中学读书，学校校门左侧墙壁上悬挂着一面大镜子，是备学生整理仪表所用，镜子上悬一木匾，上有告诫之言如下：

面必净，发必理，衣必整，纽必结，头容正，肩容平，胸容宽，背容直。

气象（指态度）：勿傲，勿暴，勿怠。

颜色（指表情）：宜和，宜静，宜庄。

周恩来严守校训。当时他生活清贫，只有一件蓝布长衫，但他每次都洗得干干净净，整整齐齐地穿在身上。

这以后六十多年岁月流逝，唯一能夺走的是他的青春和乌发，却磨灭不了他的生活品位。

失败乃成功之母

大浪淘沙，优胜劣汰，成功总是属于那些备尝艰辛、异常顽强的人们。芸芸众生在对成功者头上的光环顶礼膜拜的同时，不禁悄悄地哀叹，成功者如同凤毛麟角，何年何时，成功之神才能对自己格外关照几分呢？在自怨自艾的消极心态中，他们早已错过了一次又一次成功的机会。

当我们纵观历史、横览世界时，一个出乎意料却又合情合理的论断如同闪电一样照亮了漆黑的脑海——

成功者无一不是战胜失败而来！成功无一不是血汗与机运的结晶！

按犹太人的二八黄金律，无勇无智者占人类总数的80%，有勇无谋者与智勇双全者占20%。而正是这20%的人中，再次运用二八黄金律，有勇无谋者占80%，智勇双全者只占20%。如果在智勇双全者中按二八黄金律再次分派，那么，所谓真正的成功者占不到1%，至于那些获取终身大成就者，更是少之又少，诚如消极人士所叹，犹如凤毛麟角。

但是，我们做这样的分析，目的决非哀叹成功之不易，唱人生的挽歌，而是希望从中发现克服失败的秘密。毫无疑问，成功者之所以成功，就在于他的智与勇，且尤在其智。

在一定的意义上，研究成功要从研究失败开始，超越失败则必然通向成功的彼岸。

正视失败，洞见失败，最终必定超越失败。

同其他人一样，你肯定也曾经做过这样的梦：在梦中，你是一个被包围在鲜花和掌声中的成功者，你为自己的成功而欢呼雀跃……但是，你却没有把这梦中的鲜花和掌声变成现实。尽管你是一个屡败屡战的坚强者，一个有远大抱负的有志者，一个善于算计的精明者，一个被众人普遍赞赏看好的优秀者。

一切怎么会是这么一个样子？你的失败令自己困惑。

你到底是怎么了？你的失败令他人感到不解。

其实，原因或许很简单，因为你自己没有去想或者没有意识到自己存在着一些心理误区。你以为……但实际上却不然。

翻翻你家中收藏的百科全书，你就会知道哥伦布的惊人的、激动人心的故事。他曾在意大利北部城市帕维亚大学攻读天文学、几何学和宇宙学，《马可·波罗游记》、地理学家的理论、海员的报告和传说、由海外传来的非欧洲血统的有关海事的艺术和技艺的著作——所有这些都激发了他的想象。

过了好几年，他逐渐产生了一个坚定的信念，通过归纳和推理，地球是一个球体。通过演绎的推理，可知从西班牙向西航行能到达亚洲大陆，正像马可·波罗向东航行，到达了亚洲大陆一样。他怀着炽热的心情想去证实他的理论。他开始寻找必要的财政后盾、船只和人员，以便去探索未知的世界，寻找更多的东西。

他开始行动了！他把心力始终贯注在目的上。在长达10年的时间内，他时常差一点就取得了必要的帮助，但是，这一切——国王的欺诈，人们的嘲笑、怀疑，政府下级官员的恐惧，还有一些人不讲信用，他们原要帮助他，但在最后由于他们的科学顾问的怀疑，却拒绝给予援助——给哥伦布带来了接踵而至的失败。但他仍然不断地努力。

到1492年，他终于得到了他坚持不懈地寻找和祈求的帮助，在那年8月，他开始向西航行，打算前往日本、中国和印度。

你深知这个故事：哥伦布在加勒比海登陆以后，就带着金子、棉花、鹦鹉、珍奇的武器、神秘的植物、不知名的鸟兽以及几个土人回到了西班牙。他认为他已到达了他的目的地，已经到达了印度以外的岛屿，但实际上他失败了，他没有到达亚洲。哥伦布虽然未能立即认识到这一点，但他却发现了更多的东西！相当多的东西！

你，像哥伦布一样，可能未能达到你很高的主要目标；你像他一样，可能尽了很大努力，却未能走进未知的领域，未能到达遥远的目的地。但是，你可以发现更多的东西——等于两个美洲财富的东西。你，像他一样，可以鼓舞和指导那些追随和协助你的人驶向正确的方向，在正确的航道上继续深入到未知，直至达到目的。你，像他一样，能坚持不懈地用积极的心态去达到你的确定的主要目的，以便找到更多的东西。

迈出第一步

伟业之成功，首先要解决好眼前的问题。有时彻底解决了一个问题，可以引出意外的结果。如果一个人对于他的目标幻想得太过度，而忘却了自己的实情，就会有一种错觉，觉得自己离目标又近些，这很容易造成他的自满情绪，而忘却眼前的工作。

在向目标前进的道路上，一种危险因素就是分心于其他的问题，而把目前的问题疏忽了。年轻人有许多失败，就是因为把目前的工作看得太容易太简单，以为不值得用他全部的精力去干。

一个远大的目标不可能掩盖目前的需要。固然，一个人要晓得往何处去是重要的，晓得自己与那目标的距离也是重要的，但却必须有一种切实可行的计划，按照计划从目前的工作开始起步前进，以达到目的地。

至于前进的速度，要根据具体情况而确定。重要的问题是：我现在做的事，是否帮助我达到最后目的。许多成功人士从一种工作换到别种工作，并不是像蝴蝶从一朵花飞到另一朵花。他们之所以换工作，是因为他们觉得走上了通向成功之路。成功人士的眼光是要看到一种情况发展的可能性，同时也要能看到一种情况的可变性。

一个目标应当作为一种指南，引导你决定是否要做某事，应当把精力用在何处，以及其他枝节问题发生时如何应付。目标是一种进行时的指南，不是一种最后固定的地点。我们要专注于眼前将要走的每一步，但也要注意我们的最终目标。

人类的愿望，始于不满足。不满足是表示你需要较好的东西。你要注意这种标记，因为它可以催促你向着好的方面进行。

不可怨天尤人，把你的不幸归咎于别人或外界的环境，由此而宣泄你的不满。你应当让不满激发你，开拓一种广阔的人生成功道路。

作为高级动物的人，绝不能满足已取得的成就而停滞不前。动物有了适当的安全和充足的粮食，便满足了，但是人类的目标是要成就事业，创造更多更大的物质和精神财富，满足需求，推动人类社会的文明和发展。

有些人还有一种满足自我现状的方法，那便是把他们的遭遇归咎于不幸的环境。埋怨自己是为外界的环境所束缚，实在是愚蠢极了，不满足现状应当使我们晓得错误是在我们自己，应当在某方面改变我们自己，而后才能有所成就。

真正的成功者不怕承认自己的缺点。他们并不闲坐着回味自己的优点，他们希望朋友们来称赞，但不因称赞而觉得自满。

成功者不希望奉承，而只是以批评的态度检查自己，把他们现在的事业和他们志向的情况来比较。

“你要把现在的自己和将来你所欲成就的自己作一比较。”格斯特的这句话便是这个意思。格斯特是在报纸上写诗最多，也是受读者欢迎的一个诗人。他之所以成功，大半是因为他能常常望着他理想的自我，而不满足于现在的自我。

要求自己上进的第一步，就是绝对不可停留在现有的位置。不满于现状的感觉可以帮助你完成达到目标的第一步。

拥有坚韧的毅力

有少数人是从经验中了解到坚强毅力的正确性。这些人认为失败只是暂时性的，他们坚定不移地执着于他们的欲望，使得失败最后转为胜利。我们这些生活的旁观者亲眼看到太多的人在失败中倒下去，而且永远也没再站起来过。我们发现，只有很少数的人能够把失败的惩罚当做是一种鼓励，鼓励我们更加努力。很幸运的，这些人从来不接受生活中的打击。但是，我们所看不到的，甚至也是大多数人怀疑是否存在的，就是这股默默无语、但令人无法抗拒的力量，它能出面帮助那些遭到挫折的人，这股力量也就是我们所谓的“坚韧毅力”。而且，我们也知道，如果我们未拥有这股力量，我们在任何方面都不会获得重大的成就。

伟大而神秘的百老汇，被称作“绝望的坟场”，也叫“机会的前廊”。来自世界各地的人，涌到此地，寻找名声、财富、权力、爱情以及人类所谓的各项“成功”。每隔一段时间，就有某个人从这些追求者的长长行列中脱颖而出，这时候，全世界的人立刻就知道百老汇又出现了一颗新星。但是，百老汇并不是轻易或很快就能被征服的。百老汇只会发掘有才能的人，接纳真正的天才，而且，也只有在这些人持续不断地努力奋斗、永不退却之后，百老汇才会付给这些人优厚的待遇。这些人的成功，使我们知道了，他们已经发现了如何征服百老汇的秘诀。而这个秘诀和“坚韧”两个字是永远分不开的。

芬妮·赫斯特以坚韧的毅力征服了百老汇，从她的奋斗中就可以看出这个秘诀。她在1915年来到纽约，希望把她的作品变成财富。这项转变并未迅速发生，但最后还是得以实现。在四年的时间里，赫斯特小姐根据自己的第一手生活经验，写出了她的作品，描绘纽约的形形色色生活。她白天辛勤地工作，晚间则不断编织希望。当希望黯淡时，她并没有说：“好吧，百老汇，算你赢了！”相反的，她说：“很好，百老汇，你也许可以以打倒某些人，但绝对不是我。我决心要迫你向我投降。”

《周六晚邮》一共退了她36次稿，但她不屈不挠，继续投稿，最后终于有一篇小说获得刊登。普通的她——跟其他行业的普通人士一样——在接到第一篇退稿时，可能就要放弃写作了。她在人行道上来回漫步了四年，因为她决心要赢得这场人生奋斗。

终于她成功了。那位看不到的命运之神已经对芬妮·赫斯特作了最严格考验，而且证明她承受得起。从那时候起，出版家们争先恐后地拜访她。金钱如潮水般涌入，使她根本没有时间去数一数。接着，制片家又发现了她，使得她的收入更多了。

简单来说，我们在这儿替你描述了坚韧毅力所能达到的成就，芬妮·赫斯特也不例外。不管人们是从哪里积聚大笔的财富，但有一点是肯定的，他们一定要先拥有坚韧的毅力。百老汇会给予任何一名乞丐一杯咖啡和一块三明治，但是对于那些要求获得大笔财富的人，百老汇则要求他们付出坚韧的毅力。

凯蒂·史密斯读到这儿，一定会说声“阿门”，以表示同意。她唱了好几年，没有报酬，也没有代价，但她并不在意，只要有演唱的机会，她就上台去唱。百老汇对她说：“来试试看吧，看看你是否经得起考验。”她真的前去接受了考验，一直到了某个快乐的好日子，百老汇自己感到厌倦了，对她说道：“呀，有什么用呢？当你遭到打击时，你并不退缩，干脆，提出你的价钱，努力去演唱吧。”史密斯于是提出她所要求的酬劳。这可不是一笔小数目。

信仰战胜困境

这个发挥了积极思想的经历，使你明了你比困境更强大。不管环境如何的险恶、如何的令人畏惧，你都有对抗并克服一切困难的潜力。我们所指的潜力，就是虔诚的信仰，这是人人都能加以利用的强大力量。凭借着这股力量，你可以移开重岩叠嶂的艰难困局。你记得《圣经》对这个问题说些什么吗？

你们若有信心、不疑惑……就去对这座山说，你挪移此地，投在海里，也必成就。

但是能够达到这种特殊成就的信仰，是极端真诚的信仰；也是永远不接受失败的深沉态度。它是一股信仰的热情，积极态度的热情，信奉上帝、信靠生命以及信靠自己的热情。它是深埋在意识中的强大信念，确实深埋在心灵里。所以当需要的时候，会以一连串生生不息的力量协助你。因为这种信仰非常坚定，所以不容许丝毫疑惑存在。虽然，疑惑对执着的信仰，以及发自内心的信仰，不会发生影响。

当然这并不是说，疑惑从来不会闯进人的心中，人有时候会感到疑惑，结果可能相当地可怕，因为忧郁的消极思想会在心里蒙上一层阴影。但是没有信仰或形式化的虚假信仰，跟虔诚信仰之间的不同之处，就是疑惑对后者的攻击无法奏效。这种信仰是不为疑惑所动的，疑惑既不能立足，那么，具有热忱信仰的人就能顺利对付困境。他会运用自己的力量，去维持积极原则。

无论何时何地都没有艰难困苦的局面能使你感到惊恐，或对你具有威胁力量。但是，如果人不自我训练，并从心底里建立起信心：去着手发展信仰的热情的话，这就似乎是不可能达到的事。

人的主要任务是支配生命，以及生命中的重重困难。虔诚的信仰，它可以帮助我们战胜困境。热忱的信仰能产生不寻常的力量，而得以抗拒逆境。

著名的科学家查尔斯·克德林曾经说过，问题交代得清楚，就等于解决了一半。处理困难的重要步骤是：把困难组织得井井有条，这样，你才能够看清各个问题，以及它们彼此之间的关系。古代负有盛名的雅典将军及政治家狄密斯托克利指出，把问题说出来，比主观地去想它还有用："人的语言就像是绣帷，绣帷必须展开来，才能显现它的刺绣花样，但是卷起来的时候，花样就隐匿而且变形了，语言也是一样的。"同样的，一个问题的种种要素，如果有恐惧或惊惶在内的话，往往会显得难以克服，所以如果我们要圆满解决问题的话，必须把困难好好地组织起来。

信仰的意义，往往被局限在模糊、过分拘泥于教会形式的层面上。这虽然也是一种好态度，却并没有跟真正的现实发生联系。幸亏，今天的人们都知道信仰的意义不仅止于此。的确，信仰是心智借实用的科学方法锻炼成活力充沛的过程。那就是，如果你讨厌别人，别人也一定会反过来讨厌你，这种情形，往往使人生乐趣大为丧失。但是如果你爱别人，别人必然会反过来爱你，于是你会体验到快乐的趣味。

虔诚信仰的主要特征是常识。某地有个机敏的商人，他把圣保罗的话，改成这样："如今常存的有信、有望、有爱这三样，其中最大的是常识"。

我是自己命运的主人

亨利·福特决定生产他著名的V—8型汽车时，他选择了建造一种把全部8个汽缸安置在同一个模具上的引擎，他指示他的工程人员设计出这种引擎，然后把设计图送给他过目。设计图画出来了，但工程师们一致认为，把8个汽缸放在同一个模具里，这是不可能办得到的。

福特说："无论如何，你们还是把它生产出来吧。"

"但是，"他们回答说："这是不可能的。"

"尽管去做吧，"福特命令说："在获得成功之前，绝对不可停止，不管要花多少时间都没关系。"

工程师们只好奉命行事，因为他们若想继续待在福特公司服务，只有这样做了。6个月过去了，没有任何结果出现。又过了6个月，仍然没任何进展。工程师们想尽各种办法去执行老板的命令，但似乎没有一点效果。

在年底，福特向他的工程师们探询，他们再度告诉他，还是没有办法实现他的命令。

"再继续进行吧，"福特说："我想要这种引擎，我一定要得到它。"

他们继续努力，不久，仿佛出现奇迹似的，他们发现了制造这种引擎的秘诀。

福特的决心再度获得实现。

人人都可以从这个故事中学习到福特成功的秘诀。它就在你面前，用不着向远处追求。

亨利·福特之所以成功，因为他了解及运用了成功的原则。其中一项秘诀就是欲望：知道自己想要的是什么。在你阅读本书时，一定要记住这个福特的故事，并彻底了解他成功的原因。如果你能做到这一点，如果你能掌握使亨利·福特成功的这些特殊的原则，那么你就可以在你所从事的任何行业中，获得和他相等的成就。

著名诗人亨利写下他那预言式的名句："我是我的命运的主人，我是我的灵魂的船长"时，他是在告诉我们：我们是我们命运的主人，是我们灵魂的主人，因为我们有力量控制我们的思想。

他也是在告诉我们：我们的头脑已被意识中的主要思想所"磁化"，这些磁铁并且经由我们人类所不熟知的方式，把和我们的主要思想的性质互相谐和的力量、人与生活环境，吸引到我们身上来。

他是在告诉我们，在我们能够积聚大笔财富之前，我们一定要把渴望财富的强烈欲望输入意识之中，我们一定要成为"财迷"，然后让这些渴望金钱的欲望驱使我们创造出获得这些财富的明确目标。

永不满足

培养"快乐的不满足"，你第一件要做的事是决定对什么不满足。

你要针对物质享受、身体状况和事业三大类，列出一张目标表。这张目标表不只是目标，也要把它看成培养"快乐的不满足"的机会。现在也许你要修改一下你的目标表，有的要删除，有的还要补充。没关系，尽管修改好了，把这张表里的每一个项目都看成目标——现在的目标。

在你检查这张新表时也许会想："我怎么有这么多不满足，不是发疯了吧？"

别担心，这和你从前那种不满足不同，这是一种"快乐的不满足"。不要一下子统统改掉：

第一，你可能做不到。

第二，即使你做得到，也没有什么乐趣可言。

成功不是目的而是过程，真正的生活乐趣来自永远向前、向上！

如果你把所有的目标依照重要性来重新排列，并且开始实行，那么每一天都很快乐，因为每一天都会经历许多新鲜事。

如果你有一部最好的立体声电唱机，还有各式各样的唱片，从此以后不再增加新唱片，你很快就会厌烦了，很快就会听都不想再听，因此你必须经常添购新唱片来保持兴趣。

生活也是一样，如果一下子就得到所有的东西，虽然一时会兴奋不已，但是不久就会厌烦，因为没有新的东西值得去追求了。

成功的契机

你要为你的来日和来年设定目标。你既已舍弃了设定目标的消极思想，就要上路进行。

你也许是一位19或20岁的青年；也许是一位39或40岁的女士。你也许正在为今天、明天或下个星期设定目标。这些都没有多大关系。重要的是，你必须养成设定良好目标和加以完成的习惯。

不要忘了，你的心中具有成功的本能，只要你能够发动这些本能，你的心中就会产生一连串进取和掌握成功机运的反应。人类这种成功地达到目标的动向，称之为“成功的契机”。

方向感（Sense of direction）、了解（Understanding）、体谅（Charity）、勇气（Courage）、自重（Esteem）、自信（Self - confidence）、自我承受（Self - acceptance）——所有这些，都是你成功契机的要素；把每个要素的头一个字母拿来拼拢起来，正好构成S - U - C - C - E - S - S（“成功”）一词；这个S - U - C - C - E - S - S（“成功”），可以使你达到所要达到的目标，不妨在此略加分析：

1. 方向感：我们已经谈到，你必须设定对你有意义的目标；你必须知道何去何从。假如现在没有畅通的公路，即使你有一辆崭新的流线型汽车，又有什么用？

2. 了解：在我们的目标中，有不少必须在与他人的交往当中实现，因此，我们必须了解他们是怎样的想法，希望什么，我们又如何与他们交往。我们必须能与他们互通心曲，必须了解他们跟我们打交道的方式。

3. 体谅：了解别人已是很好，但只了解而不体谅，就会引起别人的反感。因为，假如我们了解而又责备自己所了解的人或事，怎么能改善人际关系而达成目标？体谅别人——特别是体谅自己——这种态度之所以成为必要，是因为我们在了解别人或自己的同时，也认识了人类本性的许多脆弱之处。

4. 勇气：积极地设定目标，彼此了解，相互善处，有了这些，你已踏上成功之路了。但是，你要有勇气去进行；要有勇气跃下跳板才行，否则的话，你的成功契机还是不能算成熟。因为，人生中绝对没有笃定可靠的事情，不论你的计划多么周密，你总不能十拿九稳地坐待预期的结果。如果你有采取行动的勇气，你的人生目标就不会是一时的狂想了；那么，你的目标才会在你的世界中对你产生意义。

5. 自重：你必须重视你自己以及别人的价值。除非你能重视你自己的价值，否则你的目标便没有什么价值，而即使你能达到你的目标，那种胜利也是虚妄不实的。你必须在你的内心深处感到你自己的价值，不然的话，你的成功也许可使别人感到钦慕，但你自己心里有数，那只是浮泛不实的成功，对你全无受用之处。你必须懂得把你自己视作天之骄子，对别人的看法也是一样，活得有意义、有价值。

6. 自信：这与自重有类似之处，但不尽相同。自信是成功的产物；我们只要记得我们过去曾经获得成功，我们对自己便会有信心。不用说，我们的生活有成功也有失败，但是，我们只要把思想集中在我们的成功上，不时反观我们的得意时刻，我们便可培植出掌握成功契机的自信。这并不是说我们应该否认我们的失败，那是不切实际地作法。我们应该利用我们的错误作为求进步的指针，然后把它们置之脑后。接着，我们应回想我们胜利的景象，强化我们自信的感觉。

7. 自我承受：你无法永远感到自信；有时你会感到焦急万分。你的紧张会被别人发现：他们会以好奇的眼光向你凝视。或者，你也许会做一些鲁莽的事情，损害到你自己的利益，或粗心大意地侵犯了别人。你的缺陷很多——实在说来，每一个人都是如此。因此，你必须承认此点。你必须了解的是：你的缺陷并不是你的全部人格；它们只不过是你的一部分而已，但这是你必须承认的一部分，假如你要获得成功的话。不然，你会把你的大好时光浪费在自怨自艾上，使你陷入垂头丧气的苦境，不论尝试什么，多半一败涂地。你绝不可推诿别人：这是你必须承担的事情。

以上是成功契机的基本要素，你要读读它们，读了再读，它们将会帮助你确实地达成你的目标。它们会将你导向成功之路；它们会导向目标的完成，指向完美的人生。

所谓创造的人生，就是把你的心导向积极的目标。

信任你自己

大文豪爱默生有一次写道："信任自己是成功的第一秘诀"，这句话说得一点也不错。某些人却往往把成功和"幸运"相提并论，他们认为胜利者往往就是那些"幸运者"。

"相信命运"，这是一种很危险的想法，因为一个人一旦相信自己"运气不佳"，很可能就会放弃在生活中奋斗。不错，某些日子确实比其他日子更为好过，事事也比较如意，但从长远的观点来看，所谓"幸运"是不足为训的。那些认为自己运气很好的人，往往等待别人来帮助他，而不会对自己产生信心，并因此而采取主动。

成功的内项要素中还有一项最基本的要素——信任你自己，你将获得成功。

在本章中所谈到的这些成功的人士，确实与大众不相同。不管是他们对成功的看法、他们所努力的方向或是他们的缺点与优点，都与大众不相同——但是，他们都有一个共同点：信任他们自己。在这些人当中的某些人，这种信心正好和失败的本能发生冲突，因此必须经过一番奋斗之后才能胜利，但是这种对自己的信心，却正是他们个性的一部分。

在这个世界上，你若是想要过着成功的生活，是绝对可以办得到的。

18世纪英国的大政治家伯基说过："无法付诸实现的事物，是不值得我们去追求的。在这个世界上，若是经过了解以及正确的追求而仍然无法得到的东西，那么这种东西对我们毫无益处可言。"

但是，你必须相信你自己，并且认为你有资格获得成功与幸福。

可是大多数人却无法发挥这些潜在的能力。

史堤尔博士在1957年11月24日的《纽约时报》周日杂志上发表了一篇名为《人类的潜能与表现》的文章，他写道：

此处所引用的图表（省略）是根据过去9年来在老人医学研究方面，对人类的身体与智慧行为所作的观察而来。这些图表指出正常男女的潜在能力，并且和他们的平常表现做一比较。每张表都拥有一条上升的"成功'

曲线，以及一条向下降落的“失败”曲线。我深信，全世界人口中，不超过5%的人能够追随那条成功曲线；其余的人则因为缺乏积极性，以及不了解他们的能力而失败。

第一张表是“身体成长表”。毫无疑问的，那条“失败”曲线代表了今日许多人的身体发展状况，他们几乎不做任何运动。他们吃得太多、喝酒太多、吸烟太多。他们在步入30岁之后，健康情况立即迅速恶化。

至于“心理成长表”，我们再度看到了那条“失败”曲线，它代表今天大多数人的智慧发展。大多数人在高中时代或是大学时代或是成年初期，达到了好奇心以及智慧成长的最高峰，此后即停止成长，并开始衰退。

为什么这位智慧的观察者会发现到“失败”曲线，而非“成功”曲线？这么多的人在如此早期就达到他们的智慧最高峰，这是不对的。生活应该是不停地成长，直到死亡为止。

答案在于我们有很多人不相信自己。我们只知观看电视转播的棒球赛，却不晓得自己出去打打棒球。我们只会欣赏电视播出的连续剧，却不知道自己去过更为充实美满的生活。我们已经成为“旁观者”，而不是“实行者”，也因此使我们对自己的创造力失去了信心。我们成了被动者，只会呆呆地看着生活的进行。

想要成为生活中的一名胜利者，你必须重新恢复你对自己的信心。你必须为自己制订有价值的目标，并且相信它们的价值——不管在他人眼中这些目标是如何毫无意义。

出人头地

伟大的电影明星克拉克·盖博就是这种人。大家都看过他所主演的电影。他所饰演的都是傲慢、愉快、懂得享受人生的角色。

在他成名之前，克拉克·盖博就是过着这种生活方式。他从来不害怕尝试新的事物，他喜欢从事新的冒险。他曾在矿区担任送水的小弟，也曾在一家钢铁厂担任计时员。第一次世界大战结束后，他到一家服装店打工。大约20岁时，他在修车厂担任修车工人，不久因为辛勤工作而升任领班。

他曾经替一家公司演戏，并加入一家巡回戏班演出两年，周薪只有十美元。后来他又担任伐木工人。

这并不是通往杰出成就之前的失败岁月，因为克拉克·盖博在那时就已经是成功人士了。对他来说，成功和活得愉快是同一件事，虽然他当时很穷，但他的生活却很成功。

对通用汽车公司的前任总裁哈洛·科蒂斯而言，成功就是在经济方面的努力奋斗。

科蒂斯是个乡下小孩，只受过高中教育，他在通用汽车公司的一家附属公司里担任簿记员。到他35岁时，他已成了这家公司的总裁。后来当他被任命为该公司别克汽车部门的总经理时，才只有40岁而已。

科蒂斯一向喜欢工作。他是位积极进取的主管，他要求对车型进行大胆的设计，改变别克汽车的销售管道，亲自到乡间拜访别克汽车的经销商，让他们对所经销的产品产生信心。

在经济不景气的那四年当中，他却能使别克汽车的销售量增加4倍，使他负责的这个部门成为通用汽车公司集团中第二大赚钱的机构。

科蒂斯的成就，使他的年薪高达75万美元，但他的成就却远胜过这笔惊人的薪水。他很喜欢为自己及他的属下定下目标，更喜欢克服随着这些目标而出现的障碍，因而养成了追求胜利的习惯。

查理斯·艾伦是财经界的巨人。他在15岁离开学校，在华尔街当一名送信的小弟，19岁时就创立了自己的投资公司。令人难以相信的是，他到26岁时已经赚进又赔掉了将近一百万美元。

艾伦的成就在于对自己评断股票的能力极具信心，这股信心帮助他投资大笔金钱。由于他能够迅速做重大的决定，因此在关系到几百万美元的重大投资时，他有发言权。

艾伦从不让暂时的挫折打败他。他起初既没有资金，也没有良好的关系，而且他在赚了大钱之后，又立即碰上股票市场大跌。在那段经济不景气的悲惨岁月中，有很多人被迫跳楼自杀，但艾伦却不承认失败。他再度建立起自己的事业，使得他的银行及投资公司不但大为赚钱，而且极有影响力。

黑人网球女将爱西亚·吉伯森写了一本书，书名为《我一直渴望功成名就》。她在书中描述了她对成功的看法：

我一直想要出人头地。大概是为了这个原因，所以我小时候就经常离家出走，即使因此被父亲毒打一顿也不怕。这也就是我学习打网球并努力不懈的原因，其实我是最野的小顽妹，而且也最不服从网球教练的指导。

……我下定决心，一定要功成名就，出人头地——即使付出生命也在所不惜。

爱西亚求胜的意志十分强烈，因此她最后真的“出人头地”，成为美国最伟大的女网球明星之一。

法国著名的小说家罗曼·加里认为他的成就可以报答他的母亲，因为他母亲为他牺牲了一切，全力将他抚养长大。透过他的艺术成就，他觉得他已经献给他母亲“他希望献给她的最重要的礼物”。

在《黎明的承诺》一书中，加里这样写道：

我知道我母亲的愿望（成为一名艺术家）一直未曾实现，所以她希望我能获得她自己所无法完成的成就……

因此我下定决心，尽一切力量让她看到我的成就（成为一位著名且受到赞扬的艺术家）。首先我必须选择一个正确的目标，为此我花了很长的一段时间在绘画、表演、歌唱及舞蹈之间摸索，经过许多次伤心的失败之后，最后终于决定向文学方面发展——在这个世界上，文学一向就是那些不知道向何处实现梦想的人的最后避风港？

今天对大多数人而言，何丁尼（著名的魔术大王）这个名字就代表“魔术师”，也代表魔术表演。他的生平故事很感动人，因为他是位自修成功的魔术师，他十分努力研究这些魔术技术，即使失败多次也不会失去信心。

何丁尼早期在马戏团中表演，一连好几年都一直默默无闻，而且生活困难。但他仍然不断地研究及练习各种魔术手法。他的家人反对他这样做，世界上也没有人认得他，但他不断尝试改进，最后终于成为一名著名的魔术大王。

目前对某些人而言，棒球代表了成功；著名的中外球手吉米·皮尔沙多年来一直是个成功的棒球选手。

皮尔沙一度是波士顿红袜队一名年轻球员，由于太紧张，因而精神崩溃，而且是在大庭广众之前发生精神崩溃——美国棒球联盟的棒球球员一向就是报纸头条新闻的制造者。一般来说，像皮尔沙这种情形，一般都会自动地退出球队，以避免为自己带来难堪的局面。但是吉米却是一名斗士，他仍然回去打球，而且继续在美国棒球联盟中打了 7 年的球，实现了美国棒球球员的最高目标。他甚至在1961年，为克里夫兰“红人队”效命，创下0．322的打击率。

成功并不是轻轻松松就容易获得的。想在生活中获得胜利，必须要有很大的勇气。

迅速行动

王安博士小时候的故事。一天在外面玩耍时，他发现了一个鸟巢被风从树上吹掉在地，从里面滚出了一只嗷嗷待哺的小麻雀。他决定把它带回家喂养。当他托着鸟巢走到家门口的时候，忽然想起妈妈不允许他在家里养小动物。于是，他轻轻地把小麻雀放在门口，急忙走进屋去请求妈妈。在他的哀求下，妈妈终于破例答应了。他兴奋地跑到门口，看见一只黑猫正在意犹未尽地舔着嘴巴，小麻雀却不见了。他为此伤心了很久。但从此他记住了一个教训：只要是自己认定的事情，就要排除万难，迅速行动。就是这样一个看似平淡的教训，让他长大后成就了一番事业，成为名人。

当遇到事情时，多听取他人意见以资参考固然重要，但决定事情的终究还是自己，要为此事负责也是自己。没有快刀斩乱麻的气魄，有时会错失良机。所以，一旦我们确立目标，行动一定要果断、迅速。

如果你瞻前顾后，如果你犹豫不决，如果你不能身体力行，如果你不知道自己该做什么，那么，属于你的只有永远的失败，你就永远不可能成为一名真正的领袖。因为这些根本就不是一个领袖的品质。

那些能够迅速做出决定的人从来都不怕犯错误。不管他犯过多少错误，与那些懦夫和犹豫不决的人相比较，他仍然是一个胜者。那些怕犯错误而裹足不前的人，那些害怕变化和风险而犹彷徨的人，那些站在小溪边，直到别人把他推下去才肯游泳的人，永远都无法达到胜利的彼岸，永远都无法摘取胜利的硕果。

有一位作家说过，“世界上最可怜又最可恨的人，莫过于那些总是瞻前顾后、不知取舍的人，莫过于那些不敢承担风险、彷徨犹豫的人，莫过于那些无法忍受压力、犹豫不决的人，莫过于那些容易受他人影响、没有自己主见的人，莫过于那些拈轻怕重、不思进取的人，莫过于那些从未感受到自身伟大内在力量的人，他们总是背信弃义、左右摇摆，最终自己毁坏了自己的名声，最终一事无成。”

永远快人一步

有一个缺水的边远小镇，居民要到5里外的地方去挑水吃。脑瓜灵活的村民甲看到其中的商机，他挑起水桶，以挑水、卖水为业，每担水卖2角钱，虽然辛苦点，还算是一条不错的路子。村民乙看了，觉得钱为什么只让他一个人赚呢？也走上挑水、卖水之路，并且将两个儿子也动员起来，当然荷包也鼓了。甲想，你家劳动力强，我比不过，索性买来了20副水桶，请了20个闲散劳动力，由他们挑水，自己坐镇卖水，每担水抽成5分钱。这样，既省了力气，又多赚了钱。可时间一长，这些闲散劳动力熟悉了门道，不再愿意被抽成，纷纷单干去了。于是，甲一下子成了光杆司令。

略加思索，甲请人做了两个大水柜车，并租来两头牛，用牛拉车运水，每次40担，效率又提高了，成本却降低了，因此赚头更大了。这让其他人看得直眼红。

人们很快看到“规模经营”的优势，于是纷纷联合起来，或用牛拉车，或用马拉车，参与到竞争中。

然而，正当竞争日益激烈时，人们突然发现，自己的水竟然卖不出去了——原来，甲买来水管，安装了管道，让水从水源直接流到村子里，自己只要坐在家里卖水就行了，且价格大幅度下降，一下子垄断了全部市场。

朋友，社会就是这样，善于动脑筋的人走在前头，其他人则在后面跟着走。如果你是走在前边的人，你也会成为佼佼者。如果人人能够在竞争中共同前进，社会也就进步了。

培养新习惯就要变换新思路，遇事脑子多转几个弯，寻找习惯的空隙，用智慧创造奇迹，这样才能永远走在别人的面前。同时，要冷静思考，触类旁通，借他山之石以攻玉，弃人之短，取人之长。

在人生的旅途中，每个人都要积极开发自己的潜力，养成创新习惯，用先人一步的智慧来获得一生的不断成功。许多人、许多企业有一个共同的苦恼：好容易想出一个好主意、好办法、好点子，可没过多久，就让人家偷走了，模仿的、克隆的、假冒的，无所不用其极。纵然是专利保护，也难得安宁，打假更是颇为辛苦。

为此，我们应该认识到，在生意场上，法律保护是必要的，也是明智的，但要长期保密，永远独有，也是不可能的。最可靠的办法只有一个，那就是思维永远快人一步，习惯永远高人一筹。虽然别人可以偷走你现在的成果，却永远偷不走你的智慧。因此，我们要永远开创新的路子，永远拥有独到的智慧，最终将创新变成自己的日常习惯，使自己永远立于竞争的潮头。

利用可利用的时间

在美国，一家开发黑人化妆品，只有500美元资金、3名员工的小公司刚刚成立。但当时黑人化妆品市场已经被赫赫有名的弗雷公司牢牢控制着，如何让自己的产品走向市场呢？如何让自己在激烈的竞争中取胜呢？小老板知道，以卵击石只能自取灭亡，无视对手也难以生存。艰难的处境迫使他陷入深深的思考。挤占对方市场是必然的，而争取对方支持是不可能的。小老板日思夜想，最后想出一句广告词：“当您用弗雷公司的产品化妆之后，再擦上一点约翰逊粉质膏，一定会收到意想不到的效果。”

同行讥笑他为别人做广告，他不为所动，坚持己见。小老板的观点是：站在总统身边，时间长了，次数多了，自己也会成为名人。果然，这家小公司很快发展起来了。

现实生活当中，有时单靠自己的努力，无法与一些已具规模的公司、大名鼎鼎的人竞争，要生存，要发展，就得利用一切可利用的条件，利用名人效应便是一种相当可行的方式。

人都有一个共同的习惯，就是思维惰性。只要还有余地，只要不是山穷水尽，人们一般不会十分着急，不会十分卖力，习惯的形成更是如此。因此，在培养新习惯时，不妨来个釜底抽薪，将自己置之死地，迫使自己背水一战。这种习惯往往能获得很好的效果。

在上面的例子中，小老板面对大老板，人力、物力、财力无一可以比肩，但他运用名人效应这种思维，轻而易举达到自己的目标。现在的许多厂家也正是抓住这种广而告之的方法，利用名人来打自己的产品广告，为企业谋取利益。

在生意场上，精明的生意人，其能耐的高低并不在于他有多高的学历，而在于他有没有独到的眼光与创新的习惯。

毛遂自荐

一家出版社来了一位求职的女孩。她是一个毛遂自荐者，英文不错，想到出版社当编辑。由于出版社目前没有英文书的出版计划，所以没有聘用她，却把她推荐给另一家出版社，这个女孩就有了一份很好的工作。

负责人后来谈及此事，说这个女孩的英文能力并不如她自己描述的那么好，可她敢于毛遂自荐，在这一点上表现了她主动积极和勇于向陌生人、陌生事挑战的一面，这样的人才谁都会喜欢。

面对人人避之唯恐不及的工作，如果别人不愿意做，你毛遂自荐可以凸显你的存在。若一战成功，成为唯一的英雄当之无愧；若失败了，也学了不少经验。

世界上有很多事情是很难预料的，成功与失败往往也只在那一线之间，善于推销自己，你就比其他人多了一次机会。

勇于推销自己，既是自信的表现，又是本身勇气与对生活工作的热忱使然。

每个人都具备挑战的勇气。其实，我们从懂事甚至不懂事的时候，就在不断地向身边的一切事物挑战。愈是挑战欲望强烈、永不止息地挑战的人，取得的成就就越大；反之，当一个人逐渐失去挑战的精神，小心翼翼、庸庸碌碌地过日子，他终将被无情地挤出成功者的行列。

不断挑战的人，最紧要的是要超越自我，开阔眼界，吸收新的知识与经验。如果满足于过去的成绩，沉醉于以往的辉煌，就不可能有更大的发展。

合作是取得成功的最佳方法

德国奔驰汽车董事长裘根·崔瑞普说：没有雄心壮志和老想凑合过日子的人，不可能改变现状。

清末名商胡雪岩从生活经验中总结出了一套哲学，归纳起来就是“花花轿子人抬人”。他善于观察人的心理，把士、农、工、商等阶层的人都聚拢起来，以自己的经济优势，与这些人协同做事。由于他善于与人打交道，所以很多人为他的行为所打动，对他产生了信任感。他与漕帮协作，及时完成了粮食上交的任务；与王有龄合作，使王有龄如愿做官，胡雪岩也有了机会在商场上发达。如此的互惠合作，使胡雪岩这样一个小学徒变成了一个执江南半壁钱业之牛耳的巨商。

一个人的能力是有限的，只有与人合作，才能够弥补自己能力上的不足，达到自己原本达不到的目的。

合作是取得成功的最佳方法，因此，凡是成功人士，都力图通过合作的方式完善自己。

一盘散沙，尽管它金黄发亮，也没有太大的作用。但是，如果把它掺在水泥中，就能成为建造高楼大厦的栋梁。如果化工厂把它烧结冷却，它又变成晶莹透明的玻璃。单个人犹如沙粒，只要与人合作，就会有意想不到的变化，变成不可思议的有用之才。

21 世纪是一个合作的时代，合作已成为人类生存的手段。因为科学知识以向纵深方向发展，社会分工越来越精细，人们不可能再成为百科全书式的人物。

每个人都要借助他人的智慧完成自己人生的超越，于是这个世界充满了竞争与挑战，也充满了合作与快乐。要学会与人合作，掌握这种才能，从而使自己的事业向前再向前。

不是所有人都能有效地与人合作，善于团结人的人，天生就是一个领袖人物。他能引导其他人进行合作，或者引导他们团结在自己周围，完成一项共同的工作。他善于鼓舞他人，使他们变得活跃。通过他人的协作，他完成了单靠自己无法完成的工作。在他的引导下，以他为核心的人们给社会提供了更加有效的服务。

三教九流，人也各异，唯有和谐相处，生活才会美好，因为和谐是美的最高境界。而这种境界，是需要用良好的合作来维持的。

抓住机会

俗语说："想像力和创造力是一个人的最大财富。"

美国运输业巨头、著名企业家科尼里斯·范德比尔特在创业初期，从汽船行业看到了自己的希望所在，他认为自己的机会就在这里，并决定发展事业。他的这一决定让朋友和家人感到十分震惊，因为他放弃了原本蒸蒸日上的事业，到当时最早的一艘汽船上当船长，年薪仅仅一千美元。

利文斯敦和富尔顿当时拥有汽船在纽约水面上航行的专有权，但科尼里斯·范德比尔特认为，这项法令根本不符合美国宪法的精神。于是他不断要求政府取消这条法令，最终也获得了成功。不久以后，科尼里斯·范德比尔特拥有了自己的汽船。

在当时，政府为往来欧洲的邮件要付出很大的支出，这时，科尼里斯·范德比尔特却表示愿意免费为政府服务。靠着这种方式，科尼里斯·范德比尔特很快建立起了庞大的客运和货运体系，与此同时，科尼里斯·范德比尔特也预感到，美国这样一个地域辽阔、人口众多的国家，铁路运输必然会有很大的需求。于是，他又开始积极地投身到铁路事业中去，为后来建设四通八达的科尼里斯·范德比尔特铁路网络奠定了坚实的基础。

一个优秀的人不会只等待机会的到来，而是会寻找并抓住机会，把握机会，征服机会。

现实生活中的远见卓识将给我们的生活带来极大的价值。远见告诉我们可能得到什么东西，并召唤我们去行动；远见给我们带来巨大的利益，打开不可思议的机会大门；远见能够增加一个人的潜力，越有远见就越有潜能；远见使工作轻松愉快，令人生更有乐趣。

远见会给工作增添价值。当我们的工作是实现远见的一部分时，每一项工作都具有价值，因为我们看到更大的目标正在实现。

远见将预言你的未来。你有远见，勤奋努力，将来就更有可能实现你的目标。虽然未来是无法保证的，但远见能大大增加成功的机会。

过去的经历比其他任何因素都更可能限制我们的远见。如果你的过去特别艰难、困苦、不成功，那么你必须加倍努力，以远见看到将来的前途。

你认定自己不能成功，就局限了自己的远见。开动脑筋，敢于有伟大的理想，试一试你的最大能力，不要关闭你自己的潜能。

因为过分担心所受到的压力而看不清方向，忘记了自己的目标，小事和空洞的批评占据我们的头脑，使我们无法形成具有远见性的思考。

不管有什么问题，处于怎样的逆境之中，只要长期不懈地努力，就能实现自己的梦想。

目前的处境好像决定了只能向环境屈服，没有别的选择。别掉进这个陷阱里。要有做成一件事的强烈的愿望，乐意付出代价，相信世上没什么难事。不管目前的地位多么卑微，都别让它剥夺了你的远见性思考。要有伟大的理想，畏首畏尾者很难取得成功。

改变思考方法

不要面对墙壁，要转向，这样你可以看到更多的美景。

一位商人走进一家银行的贷款部。

“请问先生有什么事吗？”贷款部经理一边问，一边打量着来人的穿着：华贵的衣服、锃亮的皮鞋、昂贵的劳力士手表，还有镀着金的领带夹子。

“我想借些钱。”

“借多少？”

“1 美元。”

“1 美元？”

“不错，可以吗？”

“当然可以，只要有担保，再少点也无妨。”

"好吧，这些担保可以吗?"

"商人说着，从他的皮包里取出一堆股票、国债等等，放在经理的写字台上。"

"够了吗？总共50万美元。"

"当然，当然！不过，你真的只要借1美元吗?"

"是的。"说着，商人接过了1美元。

"年息为6%。只要您付出6%的利息，一年后归还，我们就可以把这些股票还给你。"

"谢谢。"

商人说完，准备离开银行。

一直在旁边冷眼观看的一个职员，怎么也弄不明白拥有50万美元的人，会来银行借1美元这种事情。他问商人说：

"我实在弄不清楚，你拥有50万美元，为什么只借1美元呢？要是你想借三四十万美元的话，我们也会很乐意的……"

"请不必为我操心。只是我来贵行之前，问过了几家金库，他们保险箱的租金都很昂贵，所以嘛，我就准备在贵行寄存这些股票。租金实在太便宜了，一年只需花6美分。"

贵重物品的寄存按常理应放在金库的保险箱里，对许多人来说，这是唯一的选择。但就有这样的一个人没有囿于常理，而是另辟蹊径，找到将证券等锁进银行保险箱的办法。从可靠、保险的角度来看，两者确实是没有大区别的，除了收费不同。

凡事切忌一根肠子通到底，转个方向，换个角度，你会有好的发现、大的收获。

兰德为了满足他女儿的要求，同时也是为了他的理想，他向有摄影经验的人请教，询问是否有一种办法，可以在拍完照之后立刻看到照片，他锲而不舍地追求着。

最后，他经过不断地研究、试验，终于完成了，这种相机的作用完全依照女儿的希望，因而，兰德企业就此诞生了。如果兰德依照他人的想法，绝不会发明出同时显影的照相机，他打破了他人的常规思维，开辟出了自己的新路子，走上了创新之路。

任何一个有创造成就的人，都是战胜常规思维的高手，他们不被过去的思维所困扰，能突破常规思维的束缚，取得创新硕果。

要善于思考、敢于否定前人，培养提出问题的能力。学习新知识不能完全依靠老师，也不能盲目迷信书本，应勇于质疑。

勇于提出问题，这是一种可贵的探索求知精神，也是创造的萌芽。创造的机制是：由于知识的继承性，在每个人的头脑里都容易形成一个比较固定的概念世界，而当某些经验与这一概念世界发生冲突时，惊奇就开始产生，问题也开始出现。而人们摆脱“惊奇”和消除疑问的愿望，便构成了创新的最初冲动，因此“提出问题”是创新的重要前提。

如何保持思考创新，直接关系到一个人的事业成败，因为只有创新才能激活自己全身的能量，才能更好地投入到事业中。在日常生活中，每个人都是投石问路者，或难或易、或明或暗、或悲或喜，仿佛不停地挣扎在一个个“陷阱”之中。因此，有效的创新会点击人生火花，成为突出生存的梦想和手段。谁有创新思想，谁就会成为赢家；谁要拒绝创新，谁就会平庸！这就是说，一个有着思考创新习惯的人，绝对拥有闪亮的人生！

邹衡教授说过，“为什么有那么多人不能拯救自己，始终陷入痛苦的挣扎中呢？就是因为他们有健康的身体，却无健康的大脑，没有认真思考的能力，完全不能根据自身条件和时机寻找一条有创意的道路。创新思考是你在百般无奈时、沉思默想时意外的发现，是一种细致的观察，是一种才智的爆发！”

一位教师说过：“考试的时候，你们把我讲的内容全部复述出来，最多也只能得‘良’，我要的是你们自己的思想。”这种学术上的包容不仅开拓了学生的思维，影响到他们的学生时代，而且对他们日后的工作思路和方法都是一个启迪、一份宝贵的思想财富。

如果你想成功，一定要养成思考创新的习惯，因为它是成大事的催化剂。

第六章　生命的真谛用心感悟

生活处处有快乐

有人把快乐的心情比喻成一股永不枯竭的清泉，有人把快乐的心情称为蔚蓝的天空，快乐的心情就是一首没有歌词的永无止境的欢歌。它使人的灵魂得以宁静，使人的精力得以恢复，使美德更加芬芳。人的精神、灵魂、美德都从这种愉悦的心情中得到滋润，尽管烦恼和不安总在时时吞噬着这种美好的心情，各种挫折和磨难会一点一滴地消耗它，但这如清泉甘露般的美丽心情永远不会枯竭，而是历久弥坚以至永远。

一个人，不管他经受了多少打击，也不管他经历了多少苦难，一旦爱的阳光照耀在他的身上，他便能治愈创伤，便能获得希望，便能萌生出新的生机，哪怕是在荒凉恶劣的环境里，也依然能够放射出自己的光和热。

如果我们心情豁达、乐观，我们就能够看到生活中光明的一面，即使在漆黑的夜晚，我们也知道星星仍在闪烁。一个心境健康的人，就会思想高洁，行为正派，就能自觉而坚决地摒弃肮脏的想法，不与邪恶者为伍。我们既可能坚持错误、执迷不悟，也可能相反，这都取决于我们自己。这个世界是我们自己创造的，因此，它属于我们每一个人，而真正拥有这个世界的人，是那些热爱生活、拥有快乐的人。也就是说，那些真正拥有快乐的人才会真正拥有这个世界。

乐观、豁达的人，他们眼睛里流露出来的光彩使整个世界都溢彩流光。在这种光彩之下，寒冷会变成温暖，痛苦会变成舒适。无论在什么时候，他们都感到光明、美丽和快乐的生活就在身边。这种性格使智慧更加熠熠生辉，使美丽更加迷人灿烂。那种生性忧郁、悲观的人，永远看不到生活中的七彩阳光，春日的鲜花在他们的眼里也顿时失去了娇艳，黎明的鸟鸣变成了令人烦躁的噪音，无限美好的蓝天、五彩纷呈的大地都像灰色的布幅。在他们眼里，创造仅仅是令人厌倦的、没有生命和没有灵魂的苍茫空白。

乐观豁达的人，他们的眼里总是闪烁着愉快的光芒，他们总显得欢快、达观、朝气蓬勃。他们的心中总是充满阳光。当然，他们也会有精神痛苦、心烦意躁的时候，但他们不同于别人的就是他们总是愉快地接受这种痛苦，没有抱怨，没有忧伤，更不会为此而浪费自己宝贵的精力，而是拾起生命道路上的花朵，奋勇前行。

豁达乐观的人并非意志薄弱，缺乏理智和思想。这种人的最显著的性格特点就是天性愉快、乐观、友爱，对前途充满希望，值得依赖，他们见识非凡，目光敏锐，他们最先突破厚厚的乌云看到了一束亮光。他们善于从目前的灾祸中看到未来的希望；当疾病缠身的时候，他们知道经过自己的努力，身体终会恢复；在生活的艰苦磨炼中，他们学会了遵守纪律，善于改正错误，总结经验教训；在痛苦和挫折面前，他们总是鼓起勇气，从不退却。正是在与困难和挫折做斗争的过程中，他们学到了许多知识，懂得了生活之艰辛。

现实生活中，有很多自寻烦恼的人，如有的年轻人对个人名利过于苛求，得不到便烦恼不安；有的人性情多疑，老是无端地觉得别人在背后说他的坏话，常常感到莫名其妙的烦恼；有的人嫉妒心重，看到别人的成就与事业超过自己，心里就不舒服。最为典型的自寻烦恼是把别人的问题揽到自己身上自怨自责，这无异于引火烧身。

聪明的人往往是处在一些烦恼的环境中，而自己能够寻找快乐。因烦恼本身是一种对已成事实的盲目的、无用的怨恨和抱憾，除了给自己心灵一种自我折磨外，没有任何的积极意义。为了不让烦恼缠身，最有效的方法是正视现实，摒弃那些引起你烦恼不安的幻想。世界上不存在你完全满意的工作、配偶和娱乐场地，不要为寻找尽善尽美的道路而挣扎。实际上，并不是所有在生活中遭受磨难的人，精神上都会烦恼不堪。相信很多人对生活的磨难、不幸的遭遇，往往是付之一笑，看得很淡；倒是那些平时生活安逸平静、轻松舒适的人，稍微遇到不如意的事情，便会大惊小怪起来，引起深深的烦恼。这说明，情绪上的烦恼与生活中的不幸并没有必然的联系。生活中常碰到的一些不如意的事情，这仅仅是可能引起烦恼的外部原因之一，烦恼情绪的真正病源，应当从烦恼者的内心去寻找。大部分终日烦恼的人，实际上并不是遭到了多大的个人不幸，而是在自己的内在素质和对生活的认识上，存在着某种缺陷。因此，当受到烦恼情绪袭扰的时候，就应当问一问自己为什么会烦恼，从内在素质方面找一找烦恼的原因，学会从心理上去适应你周围的环境。

没有任何事情能打败你

从一个加拿大人的经验中，可以看出对苦恼和烦闷的挣扎，以及克服它们的许多可行的方法。“我实在再也忍受不下去了。”他这么说。因此，他离开了家里，没有向任何人作解释，并且开着自己的车子来到纽约。他脑子里只有一个目标——上船当水手，驶向遥远的港口，他并不在乎到什么地方去，他所希望的只是远离他的家。

他在一个星期六来到纽约，却发现港口一切活动都已停止，必须等到星期一才恢复。他在城里漫无目标地闲逛，试着借看电影来忘掉一切，但只令他更加心灰意冷。星期日早上，他仍然漫无目标地到处行走，却发现自己来到了第5街。他在那儿很惊讶地发现，有很多人排队等着进教堂。他以前从未见到人们排队等着进教堂，基于好奇心的驱使，于是他也排进队伍里，毫无企图地等着进教堂。

他很幸运的在最后一排找到了最后一个座位。他看看四周，发现白人、黑人都有。实际上，教堂里的人包括了各个种族和各种年龄的人，其中有很多是年轻人，每个人都显得很友善，他心中涌起一股莫名的和谐感觉，最后才知道是教堂里充满了爱和兴奋气氛的缘故。

他聆听着杰出的合唱团歌声、朗诵《圣经》的诗歌、祈祷辞，然后犹疑地参加合唱热诚熟悉的《圣经》，他开始有着跟大家融为一体的温暖感觉。“我年轻时候美好日子的回忆，在我的脑海中激荡。一股深沉的和平感觉充塞了我的心灵。我坐在你伟大的石头庇护所里，眼泪不禁从我眼中流了出来。”

礼拜结束了，信徒们开始离开教堂。每个人似乎显得极振奋，神采飞扬，兴高采烈。坐在他身旁的那位女士跟他握手道别，她说：“上帝爱你。”这就够了，这使他无法再坚持自己，他一连走过好几条街道，像是走在空中似的。他知道他能够对抗任何事情。他现在极度肯定地相信，他必定能够超越所有的挫折。他强烈地感觉到这种新的刺激绝对是真实的，他毫无疑惑地知道这将使他保持上进，他可以向前迈进。他坚定地采取了行动，立刻开车回到加拿大，五年后他仍然保持着这种奋发的心情，他写下这段经验，使他明白这项伟大的真理：没有任何事物能打败你。

生活有时是很困苦的，这一点很难加以否认。健康情况、工作、金钱、敌意、误解以及其他很多的问题，不断为众多的人带来每月生活上的困难和痛苦。心理分析大师曾经说过：“人类的主要任务是忍受生活。”而生活确实是艰苦的，十分艰苦。

从一个深刻的感觉中来看，我们之中任何的一个主要（如果不是最重要的）任务，就是忍受生活所带来的一切，这是千真万确的。这里面有某些无法避免的事情，是一个人所必须忍受的。由于找不到解脱的方法，而学习以痛苦的心情忍受下来，这种做法本身就是一项成就。

若是尊重“忍受它”的原则，经常会使得人类生活中的困难变得更为恐怖，因此另外有一种态度是比较积极的，称之为“克服它”的原则。在基本上，如果你使用人类天性深处那股能够抵抗失败的本质，那么任何事情都无法打败你。信心是人性中最有力量的一股力量，而当你在内心深处拥有它的时候，没有任何事情能使你气馁。这就是积极思想，它充满着伟大的力量。

放眼全世界

客观世界给予人的种种诱惑，会使人有许多欲望和野心，这些欲望和野心往往使人执迷不悟，心态封闭，一心只想夺取和获得，从而产生许多牵挂、忧虑、顾忌，心中负荷很重。一些先哲为了给世人排解烦恼和痛苦，提出了各种各样的忠告，大意是讲人要获得真正的人生，就要大彻大悟，无欲望，无念头，化万念为无念，不被名利牵着鼻子走，这样才能放松自己的身心，快乐永远。可是这种高层次的境界，不但没有被人接受，反而被说成是心灰意冷，不求上进。有的人还就这个问题大发感慨："什么无欲无念，全是那些文人吃饱了饭没事干，撑得慌；什么欲望和念头都不要了，那么人到世上来干什么？饭也不要吃了，觉也别睡了，学习、工作和结婚生子都没有必要了，还不如死了算啦！"这种感慨实际上没有真正领悟到先哲大彻大悟的精髓，只是望文生义，是一种狭隘的心态，也是世俗的社会和日渐败坏的精神风貌的产物。

法国作家大仲马有一句名言："人的脑袋是一座最坏的监狱。"落后的传统的思想观念、生活方式和旧的思维方式，一旦在一个人的头脑里形成，就很难摆脱，形成思维障碍。

应该说名利并不是坏东西，都是人们的正常欲望，每个人都想生活得更舒适和更轻松，对名利的追求是可以理解的，完全用不着遮遮掩掩，羞羞答答。

这种正常的欲望，引导得好，个人的自制力和秉性较高，还能激发人们的创造热情，激励人们奋发向上，积极做出贡献，从而推动整个社会的进步。假如一个人对一切都满足了，对任何新鲜美好的事物都无动于衷，什么事也激发不起他的热情，更不用提为之行动了，处于一种无欲无求的境地，一天到晚什么事也不做，那么社会就会停滞不前，陷入瘫痪状态。但一个人名利思想过重，利欲熏心，为了名利不择手段，甚至损害他人的利益，名利反过来就会束缚他自己，使他动弹不得，心境浮躁，成了地道的囚徒或奴隶。

这里所说的无欲无念，并不是什么都不干了，吃饭睡觉都免了，而是强调你在做事时的一种心态。正确看待名利带给人的影响和了解自己内心真正的愿望，无论是从政、经商，或者是搞学问、艺术，都要把眼前的每一件事情做好，做得漂漂亮亮，有益于人民，有益于社会。把眼光放到整个社会利益的角度上，从狭隘的自我享受中解脱出来。

别浪费时间

时间就是金钱，是一种不能再生的、特殊的资源，一切节约归根到底都是时间的节约。

假如说，一个每天能挣10个先令的人，玩了半天，或躺在沙发上消磨了半天，他以为他在娱乐上仅仅花了几个便士而已。不对！他已经失掉了他本可以挣得的5个先令……记住，金钱就其本性来说，绝不是不能生殖的。钱能生钱，而且它的子孙还会有更多的子孙……谁杀死一头生仔的猪，那就是消灭了它的一切后裔，以至它的子孙万代，如果谁毁掉了5先令的钱，那就是毁掉了它所能产生的一切，也就是说，毁掉了一座英镑之山。

时间对任何人、任何事都是毫不留情的，是专制的。时间可以毫无顾忌地被浪费，也可以被有效地利用。有效地利用时间，便是一个效率问题。也可以说，效率就是单位时间的利用价值。

你最宝贵的财产就是你手中的时间，好好地安排时间，不要浪费时间，请记住浪费时间就等于浪费生命。

你热爱生命吗？那么别浪费时间，因为时间是组成生命的材料。

以人的一生来计划，假如以80高龄来计算，大约是70万个小时，其中能有比较充沛的精力进行工作的，时间只有40年，大约1．5万个工作日，35万个小时，除去睡眠休息，大概还剩2万个小时。生命的有效价值就靠在这些有限的时间里发挥作用，提高这段时间里的工作效率就等于延长寿命。显然，“效率就是生命”也是无可非议的。

那么如何抓住今天呢？我们要心存这样的信念：

就在今天，我要开始工作

就在今天，我要拟订目标和计划

就在今天，我要开始锻炼好身体

就在今天，我要健全心理

就在今天，我要克服恐惧忧虑

就在今天，我要让人喜欢

就在今天，我要让她幸福
就在今天，我要走向成功卓越

真正的幸福

有人提出过这样一个问题：您对生活感到满足吗？然而，很多人给予了否定的回答。

心理学家们认为，幸福是一种非常主观的东西，他的心理机制可能根植于大脑中心，这也是多数神经心理学家们特有的观点。

目前心理学家们对“主观的幸福”的研究正日渐推翻许多人对其所抱有的神秘性：

（1）幸福不分性别。一项对146例被试“主观的幸福”的分析研究表明：在两性之中关于幸福的感觉差异绝不超过1%。

（2）幸福不依赖于年龄。人的一生中没有某一特别阶段比另一阶段缺少幸福感。不用说躁动的青少年期或性情平稳的中年期，更不用说正在衰老的老年期。这一结论产生于西方科学界1980年对全世界近17万人的调查。

（3）财富不能创造幸福。1990年与1957年相比，尽管全球个人的购买力增加了一倍，但仅五分之一的美国人告诉芝加哥大学国家舆论调查中心说：他们非常幸福。有位专家说：“尽管我们富裕了一倍，但我们并不幸福。”《福布斯》杂志的一项调查列出了100个富翁的情况，研究发现这些权贵人物与普通老百姓相比并不幸福。

（4）幸福与婚姻紧密相连。婚姻冲突是不幸福的一个重要因素。专家说：“大多数婚姻稳定的人比不稳定的幸福。”美国一项调查表明。39%的已婚青年声称他们“非常幸福”，与此相比仅24%的未婚青年有同感。已婚的人与未婚的人相比很少孤独。而且夫妻间更喜欢相互鼓励。并且，已婚者具有双重身份：配偶和父母，这一点能增强他们的自尊感和幸福感。

（5）幸福与人生态度相关。一项心理学研究表明，持有“知足常乐”观点的溃疡病患者和失眠症患者较易痊愈，并且不易成为吸毒者。与那些持相反态度的人相比，他们更具有自信心，更具有处理复杂事情的能力。

真正的幸福，按照美国心理学家米哈利·克塞克的说法，意味着生活在一种“沉醉”状态中，即完全沉迷于一种活动，无论是工作还是娱乐。他注意到艺术家常常沉迷于工作中，到了忘记一切的程度。

一位著名的心理学家曾提出如下达到幸福的步骤：

（1）享受生命中的瞬间：把孩子的微笑当做珠宝，在帮助朋友中得到满意感，与好书里的人物共欢乐，这就是幸福。

（2）幸福的人设置大的目标，然后落实在每天的行动中。一天写 300 页书是一件艰难的事，然而每天撰写两页则非常容易办到。这样坚持 150 天，你就可以写成一本书，这个原则可适用于任何工作。

（3）越来越多的证据显示：消极的情绪使人沮丧，而积极的情绪催人奋进。幸福的人常做的一件事就是努力消除消极情绪。

（4）人们学会很好地对待亲近的朋友、配偶、合伙人的不幸，比如丧亲之痛、失业、疾病。美国民意调查中心的抽样调查显示：能一下数出 5 个亲密朋友的人有 60% 的人比不能数出任何朋友的人更感到幸福。

（5）面带幸福感会让人感到幸福。实验表明真正面带幸福感的人，他们更感到幸福；经常欢笑更能在大脑中引起幸福的感受。

（6）告别枯燥的生活，不要沉溺在无所事事中，不要把自己限制在电视机前，要沉浸于能用你的技能的事情中。

（7）室外的锻炼是对付压力和焦虑的良药。对常感到一定压力的大学生的调查表明：那些经常在室外锻炼的学生情况要明显好于不参加者。

（8）幸福的人精力充沛，但他们仍然需要留出一定的时间睡眠和享受孤独。

（9）对信仰和幸福的关系的研究表明，有信仰的人比没有信仰的人更有幸福感。当然信仰不可能让我们免除所有悲哀，它不可能囊括一切，但是信仰常常提醒你沿着幸福之路前进。

自我创造能力的培养

人们如果希望在某个领域、某项事业上获得成功，就必须投入精力和时间，从而使自己在这些方面的技能得到进一步的发展。除此以外，要获得成功是没有可能的。

有许多天性懒惰的人，他们不愿意有任何付出，只想坐享其成。他们爱怎么想这是他们的事，但成功绝不会在他们一觉醒来时出现在他们的床前。

成功必须通过不断地学习、不断地提高，才可能达到。

要有意识地对自己所经历的事件进行总结，即使那些结果是负面的经历，它也往往能让我们从中吸取有益的教训，至少它可以避免让你再次犯同样的错误。

下面列举了具有创造性思维的人的特征，从而也使你从中理解自我创造能力：

（1）具有创造性的人与众不同，而且并不介意与众不同，具有创造性的人应当认识并接受这一点。

（2）具有创造性的人豁达大度、乐观向上，从不把任何事情看得过于严重，即使是很严肃的事情也是如此。

（3）具有创造性的人从不循规蹈矩，对墨守成规的人嗤之以鼻。他们往往放荡不羁，喜欢标新立异、独辟蹊径，爱以新的方法去干老的工作。

（4）具有创造性的人崇尚冒险精神，这种人爱交游，喜爱观察新事物，喜好探索周围的世界以及人们的内心世界。

（5）具有创造性的人在工作和生活中很难做到准确、准时和恰到好处，因为还有比这更重要的东西。

（6）具有创造性的人富有幽默感，喜欢在工作的时候开玩笑，他们爱讲笑话，乐于与周围的人相处。

（7）具有创造性的人在对待事情的发展上喜好听凭自然，不需要事先勾画草图，他们从每天所干的工作和所发生的事件当中寻找前进方向，他们偏爱对实际事件发生反应而不是按某个人所立下的标准干活，他们在工作当中寻求自己的规矩。

（8）具有创造性的人具有独立性，他们具有独立工作的能力，有时也好独自相处，往往与大多数人的意见不一致，而对自己的信念和愿望则往往固执己见。

（9）具有创造性的人对艺术和美非常敏感，他们对艺术和美的理解超出了艺术和美本身的含意，在他们眼里美已不仅仅是一朵花的形状和颜色，而是一部设计良好的机器的完善功能，是一个政治体系的和谐的工作或者是一种思想的完美境界。

（10）具有创造性的人热情高涨、富有理想并且责任心强，他们相信高涨的热情可以使一切成为可能，有人会觉得这种人患有多动症。

（11）具有创造性的人具有雄心壮志，他们愿意同充满信心、洞察力强、顽强执著的人一道工作。他们区别于一般人，能够迅速意识到某一件工作的实质和重要性，他们不受自身想法的约束，愿意测试检验自己的想法，愿意看到别人的挑战。

（12）具有创造性的人看问题具有与常人不同的眼光，他们具有特殊的综合能力，往往别出心裁，当别人说 2 + 2 = 4 时，他们却说 2 + 2 = 22。

（13）具有创造性的人注重行动。仅有创造性的思想不算具有创造性的人，必须付诸行动、产生结果。坐在那里苦思冥想固然是产生激情的第一步，但是打电话、写信、画草图、提建议等都是创造性中不可分割的部分，即使是错误，也可以促使人们走向目标。

（14）具有创造性的人不畏艰难险阻，在他们眼里每一个困难也就是一次成功的机会，就好像登山者面临着等待攀登的高山，风险过后会使人心旷神怡。

（15）具有创造性的人往往性情急躁，易受情绪或念头的支配。

（16）具有创造性的人不满足于浅显的东西、世俗的东西、平庸的东西或陈腐的东西。他们不满足于对问题的第一个答案，在不断地追求和探索中感到其乐无穷。

（17）具有创造性的人懂得何时应该以及如何才能够从不利于发展的死胡同中摆脱出来，这样才能够节省有限的时间和精力。

（18）具有创造性的人具有耐心。尽管这些人十分珍惜宝贵的时间，但是在等待时机、等待成果或等待灵感上却十分耐心。

（19）具有创造性的人不介意一时的迷失方向或意见分歧，他们相信问题总有解决的办法。

（20）具有创造性的人有信心、有勇气，做事情持之以恒，并且懂得如何合理地集中运用时间和精力达到预期的目标。

（21）具有创造性的人往往不能够做到举止规范、迎合别人或与人方便，却往往喜怒无常、自以为是、鲁莽粗心、骄傲自大、争强好斗，经常使他人陷入尴尬境地，这是极应防范的。

事实上人人都可以成为有创造性的人，就看你如何发掘自己的创造性，如果你发现自己缺乏创造性，就应该检查是否存在下列主、客观的障碍并设法克服：

（1）缺少确定的奋斗目标；

（2）惧怕失败；

（3）担心成功可能带来的不利影响；

（4）贪图眼前既得利益；

（5）害怕生活的改变对自己不利；

（6）缺乏体力或精力。

只要你充分发挥自己的能力，认识并注意克服自己的缺点，你就一定能成为一个有创造性的人，并且在所进行的创造中获得无穷的乐趣！

倾听他人的意见，观察他人的言行，从他人成功或者失败的教训中学习，这些都是通往成功的捷径。不要漠视自己的好奇心，对周围世界发生的一切经常保持关注，多和有智慧的人交往，能够做到这些，你在成功的路上可以事半功倍。

助人为乐

这里所依据的是微妙的自我表现定律，因为那样你就可以培养出自励的力量。如果你遭遇一项棘手的困难，不妨往四周看看，直到你发现另一个人的困难比你的更棘手，然后着手开始帮助那个人。当你终于帮助他解决了困难以后，你会发现你自己的问题更加简单，更加清楚，也更加容易处理了。

阿瑟·哥顿讲述了一个故事，关于一位小镇上的周报编辑所遭遇的一些困难。

有一天，这位编辑的邻居比尔，带着太太和一个小儿子，到河上去划独木舟。独木舟突然翻了，幸而夫妇俩都善于游泳。他们拼命去救孩子，但是不幸地，孩子被冲走而淹死了。那位父亲伤心透了。“我为什么要做这?”他责骂自己：“我为什么不做那?”因此，他枉然而无益地在内心挣扎着，他不停地在街上走来走去。人们看到他在乡间的道路上走着、走着，一直不停地走着。

一天晚上，该报的编辑杰克，很晚还在报馆工作。大约午夜的时候，前面传来敲门声，站在门口的就是那位伤心的邻居比尔。“比尔，你这么晚还到外面来干什么呢?”杰克问。

“我只是走走，杰克，只是走走。你瞧，我就是忘不了。为什么要发生那种事呢？我为什么要带孩子去划独木舟呢？为什么我无法救他呢？杰克，我真是不明白。”比尔回答着。

“进来吧，比尔。坐下来，我们谈谈。”比尔颓然地坐进椅里。“我不能谈。我就是不想谈这件事。”

“好吧，”编辑说：“没有关系，你就坐在那里好了，我继续做我的工作。你什么时候想谈，就告诉我吧。”过了一会儿，他问：“比尔，来杯咖啡怎样？会使你暖和起来的。”

比尔说：“好啊，我很想喝一杯。但是我还是不想谈话。”

这样一直到清晨两点钟。接着，比尔开了腔：“喂，杰克，我可以谈谈了。”在一个小时里，他全部吐露出来，把整个经过又重说一遍。杰克注意听着。有些时候，当一个人能为另一个人所做的最有帮助的事情，就是只注意听着别人讲话，并且让他知道你关心他。这次就是其中的一个例子。最后，倾吐完毕，比尔慢慢地平静下来：“杰克，今天晚上我要说的都说完了。”他站起来要走。

杰克把手扶在这个伤心人的肩上。“我们都喜欢你，”他友善地表示，“但愿我能帮助你。”

“可是，”比尔说，“你已经帮助了我已超过我所能说出来的。你帮助了我，因为你倾听我说话，而不跟我辩论。我知道你喜欢我，也知道你是我的朋友。你帮助我太多了。我永远忘不了。晚安，杰克。”他走进了黑夜里。

杰克坐在那里沉思。突然，他的头脑回到他自己的问题。他很吃惊，过去不清楚的事，现在都清楚了；以前他不能看通的事，现在都可以客观地看通了；过去似乎是令他承受不了的事，现在似乎很容易对付。他觉得他有更大的力量，去处理他自己的问题。

如果你在思想上跟自己保持一段距离，而集中精神去帮助别人解决困难，事实上你就变得更能够有效地去对付自己的困难。毕竟，这种自我给予的行为，是一种发挥能力的个人因素。

人类的许多问题中，或许最大的一项，就是欧维尔·凯利所遭遇到的。凯利是爱阿华州百灵顿市人，一位报社记者。他是我永远无法忘记的人物之一。欧维尔·凯利深刻地表现出一个人确实能够成功地对付任何事情。

由于感染癌症的人日渐增多，影响所及的不只是无数的癌症患者，还包括患者的无数亲人，在此转载欧维尔·凯利所写的有关他自己的故事。仔细读了这篇人生戏剧，深信当你对“一个人在上帝的帮助之下，能够对付任何事情”这句话表示怀疑之前，会再三思考一番。这是一个以积极思想去处理生活中所遭遇的困境，而且还光荣地获得胜利的人。

“晚期癌症。”医生们说。

对这项死刑宣判，我的第一个反应是不相信。我告诉自己，这种事不可能发生在我身上。医生们一定是弄错了。但是我知道他们没有弄错。这是真的，我就要在还没有活完我的天年之前死去了。

(1) 重视自己

我的下一个反应是，陷入深深的消沉中，而且陷入了好几天。我甚至想到了自杀。我拖累太太和小孩跟我一起陷入愁眉不展的状况。当我和全家人事事都很顺利的时候，上帝怎么会让这种事发生在我的身上呢？我只有42岁。身为一个报纸记者，我有一个很好的工作，光明的前途。我们有一个幸福的家。我们很活跃而勤快，而且也是常上教堂的好基督徒。为什么会是我呢？

如果不是我终于看到了光明的一面，接受主导引的道路，以及采取不但帮助了我自己，并且也帮助了那些还没有活完天年就被引向死亡幽谷的人的积极行动，我到现在一定还是沉沦在消沉的深渊里。

我内心的反应是恐惧。过着癌症生活，不但对受害者的我，即使对我的家人、亲戚和朋友来说，都是一件可怕的事。我和太太婉达，一直没有公开讨论过这件事，因为我不要她担心，而她也因为害怕会使我难过而不谈。亲戚朋友不来看我们了，因为气氛对他们来说大沉闷了。

我慢慢开始了解，使我恐惧的是对死亡的幻想，而不是得到癌症这回事。那是当愁苦、绝望占据我的生活的时候。婉达因为神经过分紧张而接受医生的治疗。有一天，当我们在爱阿华城接受化学治疗以后开车回家的时候，情况到了最低潮。那是一个美丽的秋天，但是当我看着我太太的时候，我看到她一脸的沮丧。我们就这样沉默地穿过了那一片大草原。

最后我决定必须采取某项行动，而且是尽快地采取行动，以帮助婉达来接受我的命运。我转向婉达——

“我们来谈谈这件事吧。”我说：“除非其他的事故致我于非命，我将因癌症而死去，但是现在我还没有死呢。因此，我们再来开始享受生活吧。”我告诉她，我们应该把这种情形告诉孩子，又告诉她，我们应该全家一致地以一种积极的方式去面对我的绝症。由于孩子们已经知道了有什么事情不对劲，我们回家就对孩子们说了。这样做不太容易，但我还是告诉他们了。

有些人或许会怀疑这种面对死亡的方式。但是我觉得，以这种看重每一天的单纯做法，对我来说没有什么可以损失，却可以获得一切。毕竟，我们没有一个人真正知道我们会在什么时候死去。就某一方面来说，我们都是患了“绝症”。

家庭生活慢慢地恢复正常了。不是十全十美，但是正常。我们都了解，事情绝不会再度完全好起来，但是我们都看出来，带着癌症是可能活下去的，不要就这样放弃掉。我的新哲学可以简单地总结为：“我不认为每一天更接近死亡一天，而是又活了一天。我把每一天当做上帝的恩赐，应该加以重视、享受，并尽可能地把它的意义全部发挥出来。”

这种新的态度，使我对生命有了新的兴趣，因此我又开始写文章了。我先在我们当地的一家报纸上写一篇文章，建议成立一个绝症病人的组织，让他们以非正式的方式集会在一起，以一种积极的态度去帮助他们对付他们的问题。

这篇文章一登出来，电话立刻开始不停地响起来。人们告诉我，他们也经历过我所面对的同样的情绪痛苦。打电话来的人太多了，我只得把他们邀请在一起，而变成了我们称之为“看重今日”组织的第一次聚会。参加的人有18位，包括癌症病患者、绝症病人的亲戚、传教士、护士、护理学生。我说得很清楚，任何人不准趴在别人肩上哭泣，或为自己的痛苦而想得到别人的同情。我们聚集在那里，为了寻求许多积极的方式，使我们剩余的生命过得更有意义。

聚会都是非正式的，没有预先排好的议程，也没有主席、秘书等。只要大家聚在一起，喝着咖啡谈谈话，分听大家的问题，就可以获得很大的效果。经由彼此的谈话，我们学习去接受“死就是生的一部分”这个看法。

在我极度消沉的那段期间，那些判了我死刑的医生们一直以仁慈和同情的态度，给予我有效的治疗。传教士们讨论的都是死后的生命。但是似乎没有一个人提到要为今日而生。

我必须承认，经由“看重今日”这个组织，我或许帮助了别人，但是也帮助了我自己。我已经不再以月和年来计算时间，我的所作所为都是以秒来计算的。我太太的脸上又出现微笑了，孩子们也有了笑声，一切都像太阳那么光亮。他们是此刻的我，也是一生的我。

当然，我太太和我都梦想过白头偕老，但是我们也体会出，每个人的生命都是非常脆弱和不可预测的。我当然不要患癌症，但是我没有选择的余地。因此我对自己说：“要试着去活得快乐，这对我又有什么损失呢?”

有些人因为他们的艺术，或英雄的行为或高尚的道德，而获得传世之名。

由于我既没有天才，也不够英雄，面对死亡就感特别困难，当我知道我患了后期癌症，我所面临的恐惧和迷惘，比起对死亡本身的想法更是恶劣。

回想那段初期震惊的日子，我现在知道当时我的家人和我都是在为一个还没有发生的死亡而悲哀。但是讨论了死亡，以及公开地提到癌症和它的问题以后，我发现我自己对生命比对死亡看得更重。

换句话说，我认为，除非我们认清死就是生的一部分，我们不能真正地享受生命。由于我有这种看法，最近当有一个人对我这样说：“我们有着共同点：就是我们都将因癌症而死去。”我能够这样回答他：“不对，我们的共同点是：我们现在都还活着。”

前几天，一位小女孩在学校对我9岁的女儿说：“我在电视上看到你爸爸。他得了癌症，快死了是不是?”

“是的。”我的女儿回答说：“但是他还没有死。”

这并没有什么困难。

今天是我所在的地方，今天我还活着。我并不特别关心昨天或明天，我看重的是今天……现在，此刻，我要试着使每一刻都过得有意义。

（2）对生命的新认识

回想起来，我今天发现很难相信我就是那个因为得了癌症而责怪上帝，并且怀疑它的存在的人。就我的例子来说，或许死亡使我认识了生命。

有一天晚上，当我睡不着的时候，我写了一段祈祷文，内容如下：

我们在天上的父啊……

请给我力量以面对黎明前的每一个夜晚。

请给我勇气，去祝福我游戏中的子女，

以及在我旁边的妻子，

而在我的微笑中，没有一丝的悲哀；

让我珍惜正在消逝的每一时刻，

正如我过去计算着那飞逝的日子和夜晚，

并为每一个明天而给我希望。

请使我的梦想成为未来的梦想。

但是当在地球上的生命完结的时候，请不要悲伤，

只有欢乐，因为我已经有过可贵的日子。

你读到了一个人有深度的哲理和信心，他以一种实际的方式，表现出一个人能对付任何的事情。你读到了一篇对一个获得高度胜利的生命所作的精粹描述的文章。这是一个充满活力的积极思想发挥了作用的真实故事。

在一个金黄色的秋天，当群山上的枫树和橡树正显出深浓光辉的色彩时，欧维尔和婉达以及其他的朋友，一起吃中饭。他们坐在一条车辆川流不息的公路旁的一家饭店。但是在公路那一边是一大片牧场，牛群正在群山和牧场上吃着草。

欧维尔看着公路那边的牛群、牧场，以及那红色、金黄色的群山，深情地说："在秋天，当牛群安静地吃着草的时候，景致是不是很美丽?"他静默一会儿，接着沉思地说："今天早晨当我从康州来的时候，我看到一只红鸟栖息在篱笆柱子上，那景象看起来真是太鲜活、太快乐了。我永远忘不了这个康州晴朗的早晨，一只鸟栖息在篱笆柱子上的景象。"

说这些话的时候，不只是他一个人的眼光是深情的。在拥挤的饭店里，所有坐在那张桌旁的人们，都深深地体会出他获得了胜利的生命。他具有一种能战胜一切的精神。因此，请你相信这句话：

你能够对付任何事情——你真的能够！

别为小事烦恼

成功始于觉醒，心态决定命运。

1654年的瑞典与波兰之战，仅仅是因为在一份官方文书中，瑞典国王的附加头衔比波兰国王少了一个。

大约900年前，有一场蹂躏了整个欧洲的战争竟然是因桶的争吵而爆发的。

有人不小心把一个玻璃杯里的水溅在托莱侯爵的头上，就导致了一场英法大战。

一个小男孩向格鲁伊斯公爵扔鹅卵石。导致瓦西大屠杀和30年战争。

小事情会使人偏离自已本来的主要目标和重要事项，因此，有积极心态的人不会把时间花在这些小事上。

虽然由一件小事引发一场战争的可能性在我们的身上不大，但我们可能会因小事而使周围的人不愉快。因此说，一个人为多大事发怒也就说明了他的心胸有多大。

在美国科罗拉多州大峡谷的山坡上，躺着一些大树的残躯。自然学家告诉我们，它曾经有400多年历史。初发芽的时候，哥伦布刚在美洲登陆；第一批移民到美国来的时候，它才长了一半大。在它漫长的生命里，曾经被闪电击中过十几次；400年来，无数的狂风暴雨侵袭过它，它都能战胜它们。但是在最后，一小队甲虫攻击这棵树，使它倒在地上。那些甲虫从根部往里面咬，渐渐伤了树的元气。虽然它很小，但持续不断地攻击。这样一个森林里的巨人，岁月不曾使它枯萎，闪电不曾将它击倒，狂风暴雨没有伤着它，却因一小队可以用大拇指和食指就能捏死的小甲虫而最终倒了下来。

我们不也是像森林中的那些身经百战的大树吗？我们也曾经历过生命中无数狂风暴雨和闪电的打击，但都撑过来了。可是却会让我们的心被忧虑的小甲虫咬噬，那些不过是些根本不值一提的小事。

解除忧虑与烦恼，记住规则：“不要让自己因为一些应该丢开和忘记的小事烦心。”

人常常被困在有名和无名的烦忧之中，它一旦出现，人生的欢乐便不翼而飞，生活中仿佛再没有了晴朗的天，真是吃饭不香，喝酒没味，干工作没劲，干事业没心，玩没意思。这一切，只因为我们陷入了多余的烦恼之中。为小事烦恼，值吗？

正确认识苦难

一场大火烧光了爱迪生的设备和成果，但他却说：“大火把我们的错误全都烧光了，现在我们可以重新开始。”

一名记者问美国总统威尔逊“贫穷是什么滋味”时，这位总统向我们讲述了一段他自己的故事：“我 10 岁时就离开了家，当了 11 年的学徒工，每年可以接受一个月的学校教育。在经过 11 年的艰辛工作之后，我得到了 1 头牛和 6 只绵羊作为报酬。我把它们换成了 84 美元。从出生一直到 21 岁那年为止，我从来没有在娱乐上花过一美元，每个美分都是经过精心算计的。我完全知道拖着疲惫的脚步在漫无尽头的盘山路上行走是什么样的痛苦感觉，我不得不请求我的同伴们丢下我先走……在我 21 岁生日之后的第一个月，我带着一队人马进入了人迹罕至的大森林，去采伐那里的大圆木。每天，我都是在天际的第一缕曙光出现之前起床，然后就一直辛勤工作到星星探出头来为止。在一个月夜以继日的辛劳努力之后，我获得了 6 美元作为报酬，当时在我看来，这可真是一个大数目啊！每个美元在我眼里都跟今人晚上那又大又圆、银光四溢的月亮一样”。

在这样的穷途困境中，威尔逊下决心，不让任何一个发展自我、提升自我的机会溜走。很少有人能像他一样深刻地理解闲暇时光的价值。他像抓住黄金一样紧紧地抓住了零星的时间，不让一分一秒无所作为地从指缝间溜走。在他 21 岁之前，他已经设法读了 1000 本好书——想一想看，对一个农场里的孩子，这是多么艰巨的任务啊！

有的人只注意别人成功时的情景，而忘却了他们成功路上的辛劳、痛苦与危难。在人生的征途上，我们必须对苦难形成一个正确的认识。

在人生道路上，困难和挫折都是难免的，起起落落也无法预料，但是有一点我们一定要牢牢记住：永不绝望。当我们遇到逆境时，千万不要忧郁沮丧，无论发生什么事情，无论你有多么痛苦，都不要整天沉溺于其中无法自拔，不要让痛苦占据你的心灵，要尽量摆脱困境，让快乐永远陪伴着你。困难来临时，我们要有勇气直面困难、打倒困难，以顽强的意志战胜困难。一个目标明确的人能排除前进道路上的一切阻碍，勇敢地向着自己的目标迈进，以坚定的意志，顽强的毅力去排除一个又一个困难去争取胜利。

任何人遇上灾难，情绪都会受到影响，这时，一定要操纵好情绪的转换器。面对无法改变的不幸和无能为力的事，就抬起头来，对天大喊："这没有什么了不起，它不可能打败我。"或者耸耸肩，默默地告诉自己："忘掉它吧，这一切都会过去！"

紧接着，就要往头脑里补充新东西，因为头脑每时每刻都需要东西补充，这种补充就能使情绪"转换器"发生积极作用。最好的办法是用繁忙的工作去补充，去转换，也可以通过参加有兴趣的活动去补充，去转换。如果这时有新的思想，新的意识突发出来，那就是最佳的补充和最佳的转换。物理学家普朗克在研究量子理论的时候，两个女儿先后死于难产，妻子去世，儿子又不幸死于战争。普朗克不愿在怨悔中度过余生，便用加倍努力工作来转移自己内心巨大的悲痛，情绪的转换不但使他减少了痛苦，还促使他发现了基本量子，获得了诺贝尔物理学奖。

走出自卑的"心灵监狱"

歌德曾说过："失掉了勇敢的信念，就等于你把一切都失掉了。"

邓亚萍在我国乒坛乃至世界乒坛上已是名声大噪，堪称"大姐大"。自她 1986 年 13 岁那年拿到第一个全国乒乓球锦标赛冠军开始，到 1997 年 5 月的第 44 届世界乒乓球锦标赛上，在短短的 11 年间，一共拿到 153 个冠军。这不但在中国乒坛，而且在世界乒坛史上都写下了光彩的一页。

在邓亚萍小的时候，为了培养她成才，父亲曾将她送到河南省乒乓球队去深造。然而，去后不久便被退了回来，其理由是个子矮，手臂短，没有发展前途，这在少年邓亚萍的心灵上留下了一道深深的伤痕。令人欣慰的是，在父亲的鼓励下，倔强的邓亚萍并未因此一蹶不振，相反，她练得更加刻苦。可以这样说，是困难、挫折和毅力成就了乒坛“大姐大”。

任何人在其成长的道路上，都不可能是一帆风顺的，总免不了要经受各种困难的考验。“艰难困苦，玉汝于成”，“宝剑锋从磨砺出，梅花香自苦寒来”这些都是许许多多成功人士的经验总结。

哲人说得好，你听到的一切并不完全正确，也不要因他人成功的议论而鄙视自己，否则就会陷入自卑的“心灵监狱”。我们常常发现有些人除了拿别人的优点与自己的缺点比较外，还喜欢听信那些不该信的话，他们认不清自己身上蕴藏着无穷无尽的潜力，心绪萎靡，不知不觉中为自己营造了自卑的“心灵监狱”。

人的心灵监狱千奇百怪，五花八门，但有一点是相同的，那就是，所有的“心灵监狱”都是人自己给自己营造的。

朋友要区别对待

有个很成功的商人，朋友无数，三教九流都交友，他也曾逢人就夸，说他朋友之多是天下第一。后来有人问他，他的朋友这么多，他都同等对待吗？

他沉思了一下说：“当然不会同等对待，要分等级的！”

他说，虽然自己交朋友都是诚心的，但别人来和他做朋友却不一定都是诚心的。在他的朋友中，人格清高的朋友固然很多，但心存二意想从他身上获取一点利益的朋友也不少。

“不够诚恳的朋友，我总不能也对他推心置腹吧！”这位商人说：“那只会害了我自己。”

在不得罪“朋友”的基础上他把朋友分了“等级”，有“刎颈之交级”、“推心置腹级”、“可商量大事级”、“酒肉朋友级”、“嘻嘻哈哈级”、“保持距离级”等等。等级不同，和对方交往的密度和自己打开心扉的程度也不相同，因为不同的朋友有不同的作用。

“利用”一词似乎带有贬义，但与朋友合作，互相帮助的确是成就事业的一种方式。如果能养成“他山之石亦可攻玉”的合作习惯，那么这样的青年人定将会有作为。

要把朋友分出等级其实不容易，因为人人都有主观的好恶，有时会把一片赤诚的人当成一肚子坏水的人，也会把凶狠之徒看成为友善之人，甚至在旁人提醒时还不能发现自己的错误，非得等到被“朋友”害了才大梦初醒。所以，要十分客观地将朋友分等级是十分难的，但面对复杂的人性，你必须得勉强自己在心理上有分等级的准备，交朋友才会比较冷静客观。

要把朋友分“等级”，可简单地分为“可深交级”与“不可深交级”。

可深交的，你可以和他分享你的一切；不可深交的，维持基本的礼貌就可以了。

另外，也要根据对方的特性，调整和他们交往的方式。但有一个前提必须记住，不管对方本领有多大或多有钱，一定要是个“好人”才可深交，也就是说，对方和你做朋友的动机必须是纯正的。

如果你目前平平淡淡或失意不得志，你身边的朋友中真诚之人应该占多数，那么，现在不必太急于把朋友分等级。但当你有成就了，手上握有权和钱时，你的朋友就非分等级不可了，因为这时的朋友有很多是另有所图的，不是真心的。

宽以待人是为人处世的原则

谁都想自己能在为人处世方面能够做得比较周全，有一个相对轻松和谐的环境，与别人很好的相处，那么宽以待人是不可缺的。我国古来就有“君子宽以待人，严于责己”的处世方法。

所谓宽以待人，就是指对他人的要求不可过分，不强求于人，而是以宽容为怀，能让人时且让人，能容人处且容人。

人际交往贵在与人为善，尽可能向他人提供方便，尽量给予他人帮助，可以说，宽以待人是一个道德水平较高的表现。古谚说："有容，德乃大"。你希望别人善待自己，就要善待别人，要将心比心，多给人一些关怀，尊重和理解；对别人的缺点要善意指出，不能幸灾乐祸；对别人的危难应尽力相助，不应袖手旁观，落井下石。即使是自己人生得意马蹄疾时，也不能得意忘形，居功自傲，而是应多想想别人对自己的帮助和恩惠，让三分功给别人。人总是喜欢和宽容厚道的人交朋友的，正所谓"宽则得众"。

宽以待人还要求我们，"己欲立而立人，己欲达而达人"。自己要站得住，同时也使别人站得住，自己要事事行得通，同时也使别人事事行得通。《论语·颜渊》又说，"君子成人之美，不成人之恶，小人反是。"在一定意义上，成人之美也是成己之美，即使对有错误的人也不要嫌弃，应给人提供改过的宽松条件，原谅别人的过失，帮助别人改正错误。正所谓与人方便，自己方便。

当然，我们讲以宽待人，也不是说一味的造就姑息，否则就会失去宽厚的本意，正所谓"过宽杀人"。没有度的宽只是麻木怯懦，明哲保身，更是纵容丑恶。"有一种人，以姑息匪人市宽厚名，有一种人，以至举细数市精明名，皆偏也。圣人之宽厚，使人有所恃，圣人之精明，不使人无所容。"也就是说，用无原则宽容恶人去换取自己的宽厚名声，或列举别人琐碎小事换取自己精明的名声，都是有失偏颇。圣人的宽容程度是不使小人有所依靠，也不使小人容身。这也是我们时应把握的度。对恶人无原则的宽容无异于助纣为虐，是对善良人们的残忍，孔夫子说："唯仁者能好人，能恶人。"朱熹也讲："血气之怒不可有，义理之怒不可无。"我们在懂得宽以待人的同时，也应懂得疾恶如仇，捍卫正义。只有做到当宽则宽，当严则严，抑恶扬善，才是真正的宽以待人。

宽以待人，正是以宽广的胸怀，宽容的气度，创造宽松的人际环境，大度豁达难容之事，使别人敬重和倾慕你的人品，并使你具有很大的人格魅力，特别是在竞争激烈的今天，宽以待人会使人人都喜欢与你交往，所以，宽以待人是为人处世的一个重要原则。

能上能下保实力

日本企业家松下幸之助说："没有必要去做超越正常限度，卑躬屈膝的努力。"

著名艺术家韩美林曾经谈起他的炼狱之苦，因为难以忍受饥饿，为了生存，韩美林在众目睽睽之下吃掉了别人扔掉的、爬满苍蝇的5个包子皮。今天的人根本无法想象在那个年月，韩美林一听到碗响或"米"字就会本能地流口水，浑身发颤。在如此多的炼狱中，韩美林挺了过来。他写道："20多年后的今天，这5个包子皮在我身上产生了多大能量？它成就了我多少事业？壮了我多大胆？它让我成了一个顶天立地的好汉，它练就了我一身铮铮铁骨，它让我悟出了人生最最深邃的活着的真理。我虽然沉入了这无边的人生苦海，我却悟到了做人的真谛。"

韩美林曾对学生讲："你们可知道什么是一条汉子吗？一个多么高、多么大的男子汉，就要有多么高、多么大的支撑架。但这个支撑架全部都是由苦难、辛酸、羞辱、失落、空虚和孤独组合起来的……你得忍无可忍地一忍再忍，难舍难分地一舍再舍……"

保持个性固然是正确的，因为没有个性便没有创造力，没有主见、没有独立的人格，也就不会有深邃的思想。但成功者往往能在保持个性的同时，学会适当的顺应，否则容易导致"出师未捷身先死"的悲凉。唯有能上能下，方能有效地保存实力，寻找机会，再展宏图。

一个有志于成功的人，是不会因为个人的挫折而消沉的。他往往能够在失意时迅速调整自己，保持自己的原则，适当去顺应环境，使自己始终保持在最佳状态。

在漫长的人生道路上，情场失意、金榜落第、工作棘手、事业无成、天灾人祸，健康不良等都是难免的。这些因素无论是来自主观的，还是来自客观的，都可能成为你成功的障碍。

有的人遇到这些会愤怒、攻击、茫然失措、忧郁压抑、失去自信，而成功人士遇到这些时，往往是集中精力去寻找切实有效的方法应对这些情况，积极补偿，要么“失之东隅，收之桑榆”，要么发愤图强，矢志不移，在逆境中找到有利条件，转败为胜。仲尼厄而作《春秋》，司马迁而撰《史记》，左丘失明著《左传》，屈原流放乃赋《离骚》，可谓这方面的范例。古人尚且如此，我们还等什么呢？

拥有平常心

虚荣是一种肤浅，卖弄是一种无知！

赵昆相当聪颖、活泼，常常获得长辈的夸奖，她也一直以自己为荣，儿时的赵昆就养成了虚荣、好卖弄的习惯。

只要有机会，她就会争抢着去炫耀、去卖弄。

直到有一次，当她听录音时，突然听到其中一个尖锐而突出的声音，简直是在狼嚎。听了几遍后她才发现，那是自己的声音！赵昆开始反思自己，她想：“从小到大，我一直没有挣脱过对虚荣的追逐，当别人夸奖自己就沾沾自喜，可什么时候站下来审视一下自己呢？”

她终于明白了，一切的不快乐、不满足，皆因自己的虚荣而起。一个人能摒弃虚荣心，就是拥有平常心的开始。直至赵昆成了名副其实的名人，她始终也没有忘记这句话。她说：“正是这句话，让我为自己的心找到了一个正确的方向！”生活中的自我太多，有机会就迫不及待地想跳出来，其实都是卖弄。

山外有山，人外有人，记住吧：随时要摒弃虚荣，因为虚荣是一种肤浅；不可卖弄，因为卖弄是一种无知！

你要宽容，记住人是从错误中成长的。忠告犯错误的人如何纠正错误，而不要纠缠于过失上。要意识到有些错误是不能控制的，要聆听他们的自辩。要以朋友的身份而不是以导师的姿态出现。

如果总是标榜自己，总是要对他人摆出一副导师的派头来，那就未免过分了。更有甚者，是为了表现自己的”为师之道”，常常会寻找他人的“失误”，并且利用他人的“失误”而表现自己的“师道”，拿他人的失误做文章，甚至不惜夸大这种失误的成分或后果，这就难免有些哗众取宠了。

因而应该明白，你的那些自得的为师之道，也许会成为他人嘲笑的话柄，也许会成为他人讨厌你的原因。如果你不加收敛，将会导致你从此越来越孤单，人们对你的话会不屑一顾，即使你在某些方面真的比他们懂得的多，他们也会对你的批评不屑一顾，因为在他们的心理上，已经对你产生了反感。

所以你要警惕了，“师”并不是轻易就可以称得上的，如果你是一个智者，最好还是少称师为好。如果你把自己当成一个学生，人们不仅不会讨厌你，而且还会亲近你。可是如果你仍要把自己当成一个老师，以一副老师的姿态出现在人们的面前，那么你最终有可能成为一个孤家寡人。

创新来自想像力

有一个农民，当地人都说他是个聪明人。因为他爱动脑筋，所以常常花费比别人更少的力气，获得更大的收益。秋天收获土豆后，为了卖个好价钱，大家都先把土豆按个头分成大、中、小三类，每人都起早摸黑地干，希望快点把土豆运到城里赶早上市。而这个农民却与众不同，他根本不做分拣土豆的工作，而是直接把土豆装进麻袋里运走。他在向城里运土豆时，没有走一般人都经过的平坦公路，而是载着装土豆的麻袋，开车跑一条颠簸不平的山路。这样一路下来，因为车子的不断颠簸，小的土豆就落到麻袋的最底部，而大的就留在了上面，卖的时候大小就能够分开了。这样，他的土豆总是最早上市，因此，他每次赚的钱自然比别人家的多。他的创造就来自于他的想像力。

在创新的过程之中，知识的贫穷并不可怕，可怕的是想像力的贫乏。爱因斯坦说：“想像力比知识更为重要。”可以这样说，人的一切发明与创造都源于想像力。充分展开你的想象，才能够有与众不同的想法，才能有与众不同的收获。

一位年轻人乘火车去某地。火车行驶在一片荒无人烟的山野之中，人们一个个百无聊赖地望着窗外。前而一个拐弯处，火车减速，一座简陋的平房缓缓地进入年轻人的视野。也就在这时，几乎所有乘客都睁大眼睛

“欣赏”起寂寞旅途中这道特别的风景，有的乘客开始窃窃议论起这座房子。年轻人的心为之一动，返回时，他中途下车，不辞劳苦地找到了那座房子。主人告诉他，每天火车都要从门前“隆隆”驶过，噪音实在使他们受不了，房主早想以低价卖掉房屋，但多年来一直无人问津。不久，这位年轻人用 3 万元买下了那座平房，他觉得这座房子正好处在列车转弯处，火车一经过这里时都会减速，疲惫的乘客看到这座房子时，精神就会为之一振，那么这所房子用来做广告是再好不过的了。很快，他开始和一些大公司联系，推荐房屋正面是一面极好的“广告墙”。最终，可口可乐公司看中了这个广告媒体，在 3 年租期内，支付年轻人 18 万元租金。

这就是突破常规、跳出惯有的思维习惯，想别人所不想，干别人所不干。这个世界上，创新就是成功之门。每个人在日常生活中都会形成某种程度上的思维定势，以后再改变这种思维定势就不是件容易事了。看到牙签，就想到了是竹子做的，殊不知韩国人用土豆淀粉制作的牙签不仅可以用来剔牙，而且还是可以用来吃的。据报道，启发韩国人生产能吃的牙签，是因为当时有些养猪场的猪吃了酒店混进竹子牙签的残羹剩菜，常有伤猪现象，于是一些聪明人就改用土豆淀粉制作牙签了。多么有趣而有益的创意呀。